해병대**훈련병 아들**에게

나남
nanam

해병대**훈련병**
아들에게

2011년 9월 10일 발행
2011년 9월 10일 1쇄

저자 • 尹承模
발행자 • 趙相浩
발행처 • (주)나남
주소 • 413 - 756 경기도 파주시
　　　교하읍 출판도시 518 - 4
전화 • 031) 955 - 4600 (代)
FAX • 031) 955 - 4555
등록 • 제 1 - 71호 (1979. 5. 12)
홈페이지 • www.nanam.net
전자우편 • post@nanam.net

ISBN 978 - 89 - 300 - 8592 - 2
ISBN 978 - 89 - 300 - 8001 - 9 (세트)
책값은 뒤표지에 있습니다.

해병대**훈련병**
아들에게

아들을 해병대에 보낸 '빵점 아빠'의
가슴 절절한 자식사랑!
이 땅 모든 부모의 눈시울을 적시는
'자식과 주고받는 해병대 연애편지'!

윤승모 지음

나남
nanam

큰아들 윤기열을 군대에 보내 놓고, 친구들을 만나기만 하면 어김없이 아들 군 생활 얘기를 하게 된다. 몇몇 친구가 "너 언제부터 아들을 그렇게 사랑했냐"고 묻는다. 내가 20여 년간 매일 7시에 출근해 밤 12시 넘어 퇴근하는, 바쁜 기자 생활을 했다는 사실을 아는 친구들이다.

일에 바쁜 아버지라고 해서 아들과 대화하지 말란 법은 없다. 그러나 나는 아들과 제대로 대화한 일이 거의 없다. 우리 사회에서 부자(父子)의 대화 단절을 우려하는 목소리가 많지만 바로 내가 그 경우에 해당한다.

어쩌다 밥상머리에서 "기열이도 좀 노력을 해야 하지 않겠니"라고 말하면 아들은 인상을 찌푸리며 아무 말 없이 제 방으로 휙 들어가 버린다. 성적이 너무 떨어지지 않았느냐 호통 치면 마지못해 한 시간 정도 공부하는 시늉을 한다. 우리 집에서 이따금 벌어지는 풍경이다. 그나마 그게 고작이다.

남들은 주 5일 근무라고 하지만 기자라는 직업은 1주일에 하루밖에 휴일이 없었다. 그 휴일에는 낮잠 자는 게 일과라서, 가족과 함께 어디 놀러 다니지도 못했다.

'빵점 아빠'라는 말을 들어도 싸다. 그렇다고 자식을 위해 사교육을 엄청 시켜준 것도 아니다. 아이 엄마가 "과외라도 시켜야 하지 않느냐"고 하면, "과외해서 나아지는 아이가 있고 하나마나인 아이가 있는데, 우리 아들은 하나마나다. 자기가 알아서 하든 말든 그냥 내버려 둬라"고 일축하곤 했다.

놀다가 대학을 못 가도 자기 선택이니, 스스로 책임지도록 하면 된다는, 어줍지 않은 교육철학을 들먹이며 아들에 대한 무관심을 스스로 변명하기도 했다.

그 아버지의 아들도 어지간했다. 학교는 개근상을 받을 정도로 열심히 왔다 갔다 했다. 달리 말썽을 피우는 일은 없었지만 공부에는 별 취미가 없다. 뚜렷한 미래의 목표도 없는 것 같고, 도대체 동기부여가 되지 않는다. 유일한 취미는 컴퓨터 게임이다. 고3 수험생 방에서 매일 밤 컴퓨터게임 소리가 끊이지 않는다. 대학? 거리가 멀다.

나는 우리 아들이 고등학교를 졸업하자마자 군 입대로 밀었다. 군대 가서 고생 좀 하는 것이 빨리 철들게 하는 지름길이라는 생각이었다.

"기왕이면 확실히 고생하게 해병대로 가라."

그러나 막상 아들의 군 입대 모습을 지켜보니 안쓰럽기 그지없다. 어린 나이에 낯선 환경에서 고생할 아들에 대한 연민이 가슴 밑바닥에서 솟아오른다. 전에 없던 일이다. 그러나 이제 아들은 내 곁에 없다. 아들과 소통할 수 있는 유일한 수단은 편지뿐이다.

부모와 떨어져서 처음으로 겪는 군대, 얼마나 불안하고 외로울까. 아픈 것조차 마음대로 해서는 안 되는 군대 규율에 적응할 수 있을까. 고된 훈련은 무사히 받아낼 수 있을까.

이런 상념이 들 때마다 아들에게 편지를 썼다. 훈련병 아들도 아버지의 편지를 열심히 읽었다고 한다. 훈련병 생활실의 희미한 조명 아래 불침번 근무를 서면서 읽고 또 읽고, 읽을 때마다 눈물을 흘렸다고 한다.

그 아들이 집으로 보낸 편지에는 어린 훈련병이 겪었던 정신적 육체적 고통의 흔적이 역력하다. 집에 있는 어머니 아버지는 그 편지에 눈시울이 붉어진다. 아들이란, 어쩔 수 없는 나의 피붙이란 사실이 몸으로 느껴진다.

'윤기열 훈련병'의 해병대 교육훈련단 7주.

그동안 부모와 자식은 그렇게 편지를 주고받으며 가족의 사랑을 깨달았다. 그 7주는 부자간에 처음으로 마음을 열고 대화할 수 있게 해준 소중한 시간이었다.

2011년 7월

윤승모

해병대**훈련병**
아들에게

차 례

• 머리말 5

해병대 가면 어떨까? 11

현빈과 오종혁 23

단절斷絶의 실감 45

'빽으로 초코파이 하나 얻어먹었으면' 93

"기열아. 너 고등학교 졸업했으니 집에서 나가야 하는 것 알지? 기왕 독립할 거, 차라리 군대 빨리 갔다 오는 게 낫지 않냐? 사나이가 해병대로 가는 건 어떠니?"
"해병대요? 글쎄….'

현빈이나 오종혁이나 똑같은 연예인인데 오종혁 때는 특별한 이벤트가 없었다는 사실이 동기들의 공감을 산 모양이다. 오종혁은 평범한 훈련병으로서 정말 열심히 훈련받았다고 한다. 오종혁은 100% 자력으로 특등사수에 올랐다.

며칠 전에 군종(軍宗) 목사님에게 강의를 들었는데 좋은 말씀을 많이 들었습니다. 군종 목사님이 한 말이 '이 또한 지나가리라'였습니다. 가슴에 와 닿는 이 말이 제게 자그마한 위안이 됩니다.

아버지께서 청탁이나 로비 같은 것을 싫어하시는 걸 알지만 저는 가치관에 약간의 혼란을 느낍니다. 나도 배경이 있으면 좋지 않을까 라고 말입니다. '빽'으로 초코파이 하나라도 더 먹고 싶은 심정입니다.

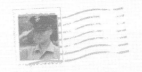

입실과 열외 제外 119

오늘 유격훈련은 열외 됐습니다. 열외도 할 것이 못 되는 것 같습니다. 부모님께 면목이 없습니다. 앞으로는 훈련을 열외하지 않아야겠습니다. 아파도 참는 것이 좋을 것 같습니다. 아프다고 열외하는 저 자신이 한심스럽기도 하고 후회도 됩니다.

"진통제 먹고 행군하겠습니다" 137

아들아. 세상은 갈등상황의 연속이다. 한 쪽을 선택하면 다른 쪽은 포기해야 한다. 그렇다고 내가 선택한 쪽이 100% 옳다고 할 수 없다. 선택하지 않은 쪽이 100% 그르다고도 할 수 없다. 인생에는 절대진리, 절대선이 없단다.

"이만하면 면목이 서겠지요?" 155

극기주는 열외를 하지 않고 열심히 했습니다. 각개전투 훈련장까지 행군을 하는데 3명 1개조 조장으로서 2~3kg 정도 나가는 텐트를 메고 산악행군도 했습니다. 천자봉도 뒤처지지 않고 잘 올랐습니다. 오르막길은 죽을 듯 힘들었지만 동기들과 서로 다독이며 정상까지 올랐을 때 성취감이 들었습니다.

훈련병 손등에 박인 굳은살 167

"필승! 이병 윤기열은…"
훈련 수료식 때 거수경례 신고를 하는 아들도 목소리가 잠긴다. 음식을 집어 먹는 아들의 손이 눈에 들어왔다. 엄청 거칠다. 손등에 굳은살이 박여 있다.

'군대 적응 완료했습니다' 183

오늘 후반기 교육을 받기 위해 육군종합군수학교에 왔습니다. 편하긴 하지만 벌써부터 해병대 동기들이 그립습니다. 오늘 동기들과 헤어졌는데 괜히 눈물이 났습니다.

후기 後記 195

평온함이 이어지던 7월 4일 해병 2사단에서 총기사망 사건이 발생했다. 부모로서, 다시 긴장하지 않을 수 없었다. 더구나 사건이 난 해병 2사단은 아들이 가야 할 곳이다.

해병대 가면 어떨까?

"억지로 대학 가면 뭐하겠니. 그냥 군대나 빨리 갔다 와라. 기왕
군대 갈 것이면 해병대가 어떨까?"

대학 수학능력시험이 있었는지 없었는지 모를 정도로 변함없이
컴퓨터 게임에 열중하고 있는 나의 아들 윤기열.
　언론에는 대학입시 관련 보도가 넘치지만 기열이에겐 '남의 일'
일 뿐이다. 공부를 게을리 했으니 시험 결과는 보나마나. 그래도
정신 못 차리고 하루 종일 자기 방에서 컴퓨터 게임을 하느라 시
간가는 줄 모른다. 온라인에서 편을 갈라 하는 게임 같다. 이따금
대화하는 소리도 들리고, 킬킬대며 웃는 소리도 들린다.
　"어휴 저걸….."
　2011년 2월 고등학교 졸업식. 졸업 축하 점심을 먹으면서 물어
본다.

"졸업한 기분이 어떠니? 이제 소속이 없어졌으니 좀 허전하겠다. 남들 대학 가는 것 부럽지 않니?"

기열이가 태평하게 대답한다.

"우리 학교에서 서울 소재 대학 간 애들 몇 명 없어요. 대학 안 간 애들이 훨씬 많아요."

여전히 태평이다. 내가 아들에게 중학교 시절부터 입버릇처럼 해 온 말이 있다.

"너는 고등학교 졸업하면 무조건 독립해야 한다. 네가 집에 있고 싶어도 내쫓을 거다. 어영부영 대학은 안 보낸다. 다만, 네가 자신 있는 대학에 들어가면 등록금은 대주겠다."

나는 진짜로 이 말대로 실천할 생각이었다. 아들도 가끔 "저 독립할 때 살림도구는 장만해 주는 거죠?"라든가, "고등학교 졸업해도 만 19세밖에 안 되는데, 성인 나이인 스무 살까지는 집에 있도록 해줘야 하는 거 아녜요?"라고 정색하며 묻는 게, '고교졸업=독립'이라는 내 말을 엄포가 아닌 현실로 받아들이는 눈치였다.

졸업하고 며칠 지나자 슬슬 부모 눈치를 보는 듯하다. 말은 태평하게 했지만 자기도 왜 마음에 부담이 없겠는가. 남들 대학 갔다는 얘기, 재수하러 기숙학원에 들어갔다는 얘기가 곳곳에서 들리는데….

평소 말도 안 하고, 퉁명스럽기만 하던 아이가 부모 앞에서 웃으면서 사근사근 대화도 한다.

"기열아. 너 고등학교 졸업했으니 집에서 나가야 하는 것 알지? 기왕 독립할 거, 차라리 군대 빨리 갔다 오는 게 낫지 않냐?"

대답이 없다. 군대란 말에 쇼크를 받은 모양이다. 군대를 남의 일로만 알았을 것이다. 학생이라는 보호 울타리가 없어지면서 마주하게 되는 냉엄한 현실.

다음 날 다시 대화를 이어갔다. 군대에 가야 한다는 현실을 본인도 깨달은 모양이다.

"기왕 군대 갈 것이면 적극적으로 가는 게 좋지 않냐? 사나이가 해병대로 가는 건 어떠니?"

"해병대요? 글쎄…."

"그러지 말고 바로 지원해라. 요즘은 군대도 인터넷으로 지원한다더라."

우리 아들은 곧바로 컴퓨터에 앉아 해병대 지원에 관해 검색을 시작했다. 2월에 지원하면 3월에 신체검사와 면접시험이 있고 합격자는 4월에 입대한단다. 그러면서 "해병대 괜찮은 것도 같고…"라며 중얼거린다.

나도 인터넷을 뒤적여 봤다. 혹시 육군은 어떤가 싶어서 검색해 보니 무엇보다 입영 날짜가 늦다. 가을이나 돼야 입대가 가능한 것 같다. 가을? 그때까지 계속해서 놀라고?

나는 육군으로 군대를 다녀왔다. 30여 년 전 일이지만, 그때 솔직히 말해서 군대 가고 싶어서 간 것은 아니다. 군대에 왜 가야 하는지, 근본적으로 마땅치가 않았다. 어떻게 하면 군대 빠질 수 있을까, 이런저런 궁리도 해 보았다. 별수 없이 군대에 가서도 어쩌면 매사에 불만이 가득한, '군 부적응자'였다.

그러나 30개월 군 복무를 마치고 제대하면서 나는 군대 예찬론자까지는 아니어도 '군대는 유익한 곳'이라는 믿음을 펴는 인간으로 변했다.

나는 우유부단한 성격의 소유자다. 내가 무엇을 해야 할지, 어떤 인간이 돼야 할지에 대한 확실한 자기 신념이 없었다. 지향점이 없으니 동기부여가 되지 않는다. 아무런 노력을 하지 않으면서 하루하루 어영부영 보낸다. 그러면서 뭔가 사회적으로 인정받는 사람이 되고 싶다는 욕심은 있다. 부모에게 모든 것을 기대면서도 항상 불만은 많다.

군대 가기 전 내 모습이 딱 그랬다. 한마디로 철부지였던 것이다.

이러다가 군대에 갔으니, 제대로 적응할 리가 만무했다. 적응이 느린 만큼 고통도 많았다. 그러나 나는 결국 깨달았다. 그 고통이 나를 강하게 한다는 것, 노력하지 않는 자에게 주어지는 밥은 없다는 것, 고생을 견디고 나면 성취감과 자신감이 생긴다는 것, 고생을 함께하는 가운데 세상과 어울리는 방법을 터득하게 된다는 것을.

제대하면서 나는 비로소 "이제 세상을 나 혼자서 살아갈 수 있겠다. 혼자 개척할 수 있겠다"는 믿음을 갖게 됐다. 그리고 밤새워 공부도 해보고, 끈기 있게 도전도 할 줄 아는 인간이 됐다.

내가 관찰한 아들 기열이의 성격이나 생활태도는 나와 꼭 닮았다. 동기부여가 안 되고, 의욕도 없고, 무엇이든지 한 달을 넘게 계속하는 것도 없고…. 철부지다. 누구는 중학교 때 이미 입지(立志 : 뜻을 세움)한다지만, 기열이에게는 어림없는 얘기다. 하긴 나도 그랬으니.

내 경험으로 보건대, 나나 우리 아들 같은 체질, 목표의식이 부족하고 끈기가 없는 인간을 철들게 하고 동기부여해 주는 데는 군대만큼 좋은 단련장이 없다. 더구나 군대는 의무적으로 가야하는 곳이 아니던가. 피할 수 없으면 즐기라고 했다. 어차피 피할 수 없는 군대, 나를 위해 간다고 생각하면 훨씬 잘 적응할 수 있지 않겠는가.

의지박약(意志薄弱)형 인간들은 스스로는 껍질을 깨지 못한다. 그러니 강제적으로 해 줘야 하지 않겠는가. 일단 철이 들고 나면 그 다음은 자기가 알아서 할 수 있다.

나는 거창하게 '국가와 민족을 위해'라는 말은 하고 싶지 않다. 군대는 자기 자신을 위해서 가는 것이라고 말하고 싶다. 군대생활은 자기에게 도움이 된다. 군대가 힘들긴 하지만 그 고생을 견디고 나면 인간이 달라진다. 그러다 보면 '국가와 민족'에도 봉사할 수 있다. 이것이 군대에 대한 나의 기본적인 생각이다.

아들에게 해병대를 권한 것은 기왕 군대 갈 것이면 치열하게 젊은 그날들을 보내는 게 훨씬 도움이 되겠다는 생각에서다. 나처럼 마지못해 군대생활하면 힘이 갑절로 든다. 기왕이면 스스로 선택하고 도전하는 마음으로 군대생활을 하는 것이 좋지 않겠는가.

기열이도 내 생각에 동의했는지 별 망설임 없이 인터넷을 통해 해병대 지원서를 제출한다.

3월초 서울 동작구 대방동 서울지방병무청, 해병대 시험장에 동행하기로 했다. 어쭙잖은 아버지 노릇을 처음으로 한 셈이다. 솔직히 나는 아버지로서 이때까지 아들에게 해준 것이 없다. 진지하게 대화를 나눠본 일도 없고, 어디 함께 놀러가 주지도 못했다.

아침 일찍 출근했다가 저녁 늦게 들어오는 기자생활 때문에 시간이 없다고 핑계를 대지만, 아이들에 대한 관심이 부족했다는 것이 솔직한 얘기일 것이다. 고작 한다는 것이 "너 고등학교 졸업하면 집에서 쫓겨나는 거야. 알아서 해"라는 말. 참으로 무심한 아버지였다는 반성을 한다.

대방동 병무청 앞에서 함께 점심을 먹으며 아버지로서 부끄럽고 미안함을 감추려는 듯 아들에게 퉁명스럽게 말한다.

"기열아. 이것도 시험인데, 기왕이면 붙어야 하지 않겠니? 뭐든지 시험은 붙고 볼 일이야. 너는 마음이 어떠니?"

"기왕이면 붙어야죠. 그런데 체력이 좀 문제 아닐까요 …."

자신 없어한다. 체력 약한 게 당연하지. 허구한 날 방구석에 틀어박혀 컴퓨터 게임만 하는데 체력이 좋을 턱이 있냐? 어쨌든 이제는 결과를 기다리는 일만 남았다.

3월 24일 합격자 발표가 나고, 합격하면 4월 18일쯤 입대하게 될 것이라고 한다. 입대까지는 한 달 20일 이상의 시간이 남았다. 이 기회에 혼자 독립해서 생활하는 것을 체험하게 해주고 싶었다. 마침 친척 한 명이 필리핀 마닐라에 프랜차이즈 음식점을 개업한 직후였다. 그 친척에게 부탁했다. 한 달만 데리고 있으면서 일을 시키라고.

아들은 곧바로 마닐라를 향해 출발했다. 친척이 얻어 준 자취방에 기거하면서 친척 가게에서 감자튀기는 일을 한다. 늠름하게 아버지 노릇한다고 일을 저지르기는 했는데, 막상 어린 아들을 처음으로 해외에 보내 놓고 보니 제대로 먹고 사는지, 아프지는 않은지 걱정된다. 하루에 한 번씩 확인 전화를 해야 마음이 놓인다. 뒤늦게 아버지로서 철이 든 건지….

친척의 말을 들으면 기열이가 마닐라에서 잘 적응하고 있다고 한다. 가게 종업원들과 영어로 대화도 곧잘 한다고 한다. 성격도 서글서글하고 말귀를 빨리빨리 알아듣는 게 "사람이 됐더라"는 평가다. 아들에게 아버지가 모르는 의외의 면이 있나보네….

아내가 아들 동네 친구 어머니들의 여론을 전한다. 또래 그룹의 어머니들끼리 자주 만나면서 자식 얘기를 한다.

"너무 일찍 군대 가는 것 아니냐."

"왜 하필 해병대냐."

"요즘 학벌을 얼마나 따지는데, 그래도 대학에 적은 걸어놓아야 하는 것 아니냐."

걱정하는 얘기들이 많다고 한다.

사실 아들 친구 엄마들뿐 아니다. 내 친구들도 다들 부정적이다. "왜 하필이면 해병대냐? 애 고생시킬 일 있어?"라는 힐난(詰難)성 질문부터 "그래도 대학은 보내야 하지 않겠니. 요즘은 대학 가려면 얼마든지 갈 수 있어. 대학 안 보냈다가 나중에 자식에게 원망 들을지도 모르잖아"라는 충고까지.

나중 일이지만 아들이 입대한 뒤 내 친구들은 대체로 "네가 진짜 그럴 줄은 몰랐다"며 놀라워한다. 우리사회에는 '고등학교 졸업하면 무조건 대학에 가야한다'는 믿음이 그 정도로 강하다.

나는 아내에게 말했다.

"당신은 어떻게 생각해? 기열이처럼 동기부여가 잘 안 되는 체질은 군대에 빨리 갔다 오는 게 나은 것 아닌가? 대학에 적을 걸어놓으면 그만큼 또 시간낭비 아닐까? 기왕 갈 거면 진취적인 생각을 갖고 모인 집단에 속해서 생활하는 것도 좋은 경험이라고 생각하는데….”

아내도 전적으로 동의한다.

기열이는 필리핀 체류 한 달 만에 인터넷에서 해병대 합격 사실을 확인하고 곧바로 귀국했다. 그래도 20일 이상 시간이 남았다.

“시간이 남으니 운전면허나 따라. 요즘 젊은 애들은 보름이면 딴다더라.”

운전면허 따는 비용도 만만치 않다. 최고로 값싼 운전면허 학원을 찾다가 경기도 김포시에 있는 한 학원이 눈에 들어왔다.

　한 달 객지생활을 했건만 우리 아들은 별로 달라진 것 같지 않다. 운전학원 다니는 시간을 제외하곤 여전히 자기 방에서 컴퓨터 게임하는 게 일과다. 군대 가기 전에 마지막으로 인생을 즐기겠다며 큰소리다. 컴퓨터 게임이 인생 즐기는 것과 무슨 상관이냐?

　해병대 입대통지서에는 목소리를 크게 하고, 체력단련 연습을 하고 오라고 돼 있건만 오불관언(吾不關焉)이다. 며칠이나 남았다고 지금 연습해서 뭐 달라지겠느냐는 것이다. 입대 1주일을 앞두고 운전면허를 땄다. 1종보통 운전면허증. 기열이가 그때까지 이룩한 가장 큰 성과 중 하나다. 그래 어쨌든 장하다. 내 아들!

입대 날짜가 다가오면서 히스테리를 부린다.

"꼭 해병대 가야 해요? 힘들다는데. 그냥 평범하게 육군으로 가는 게 낫지 않나…."

그래. 그 마음 내가 모르겠니. 군 입대를 앞두고 불안한 그 심정. 피하고 싶은 그 심정을.

"기열아. 힘들고 안 들고는 상대적인 거란다. 육군으로 간다고 힘이 덜 드는 것은 아니다. 똑같이 힘들 바에야 기왕이면 적극적으로 하는 게 좋지 않겠니."

아들도 더 이상 말을 하지 않고 수긍(首肯 : 고개를 끄덕임)한다.

드디어 4월 18일 입대 날이다. 아침 일찍 아내와 함께 승용차편으로 해병대 교육훈련단이 있는 포항으로 향했다. 교육훈련단은 신병훈련을 담당하는 곳이다.

입대하기 전에 가족끼리 함께 먹을 수 있는 마지막 오찬(午餐). 맛있는 것 먹자고 했더니 아들은 소화가 잘 안 된다며 간단하게 먹자고 한다. 곧 몸담게 될 미지(未知)의 세계에 대한 부담감이 얼마나 컸으면….

오후 2시 입소식. 장정들을 집합시켜 〈어머니 노래〉를 부르게 하는데, 가사를 아는 장정이 거의 없다. 요즘은 학교에서 〈어머니

2011년 4월 18일 윤기열은 해병 1140기로 입대하기 위해 경북 포항시 해병대 교육훈련단에 도착했다. 교육훈련단 정문 앞에서 아버지 윤승모, 어머니 장연희와 함께 기념촬영을 했다.

노래)를 배우지 않는 모양이다.

마이크를 잡은 교육훈련단 간부가 한 소절씩 선창하고 장정들에게 따라 부르게 한다. 그리고 주변에 서 있는 부모들을 향해 각자 절을 하게 한 뒤 곧바로 부대 안으로 뛰어 들어간다. 그게 끝이다.

뛰어가는 장정들의 행렬 속에서 아들의 뒷모습을 찾아봤지만 보이지가 않는다. 뒤에 남은 가족들 중에는 눈물을 훔치는 아버지들의 모습이 여기저기 눈에 띈다. 30여 년 전 육군 제2훈련소(논산훈련소) 입소할 때의 내 모습이 떠오르면서 아들에 대한 안쓰러움이 뭉클뭉클 솟아난다

현빈과 오종혁

거듭 태어나는 길

사랑하는 아들, 기열아! 훈련 시작됐지? 잘 지내고 있니?

그날, 신병교육대에서 동기들 손잡고 부대 안으로 뛰어 들어가는 네 모습을 끝내 찾지 못했단다. 자동차 주차해 놓은 쪽으로 뛰어가면서 찾았지만 보이지 않더구나. 하긴, 한 번 더 본다고 무엇이 달라지겠느냐만…. 그래도 부모 마음이 그게 아니더구나.

평소 아빠가 우리 아들에게 '독립'을 강조했던 것 기억하지. 너의 인생은 너의 것이니 알아서 하라고…. 그런데 요즘 과연 아빠가 너의 독립을 바랐던 것인가 스스로 물어보곤 한단다. 그날 부대 안으로 뛰어 들어가는 너의 모습을 찾으려 두리번거리는 아빠의 마음 저 깊은 곳에서는 어쩌면 너의 독립을 아쉬워하는 심정이 가득했던 것은 아닌가 싶다!

너는 얼떨결에 함께 뛰어 들어갔겠지만, 그 순간부터 네가 진짜 홀로 서서 험한 세상의 파도를 혼자 힘으로 헤쳐 나가야 한다는 것을 아빠는 잘 알고 있단다. 그리고 그렇게 혼자 가는 것이 얼마나 힘든 길인지도 잘 알고 있단다. 아빠도 군대를 경험했기에….

그렇긴 하지만 그 길은 이제 더 이상 아이가 아니라 어른으로 거듭나는 길이요, 내 한몫 내가 알아서 할 줄 아는 사나이로 다시 태어나는 길이란다. 독립의 길이지. 적어도 아빠의 경험으로는 그렇단다.

돌이켜보면 아빠도 군대시절을 얼마나 힘들게 보냈던가. 그러나 아빠는 제대하면서 알게 됐단다.

'아, 나는 군대를 통해서 진짜 어른으로 거듭났구나. 시련이 나를 성장하게 해주었구나.'

아빠는 아빠가 군대에서 제대한 날인 12월 12일을 제2의 생일로 생각하고 있단다. 너에게는 말을 하지 않았지만, 사실 아빠는 그 날을 원래 생일보다도 더 의미 있게 마음으로 기념하고 있단다. 원래 생일은 아빠의 의지와 관계없이 주어진 것이라면, 12월 12일은 아빠의 의지로 거듭 태어난 날이기 때문이란다. 내 의지로 세상에 태어나 내 의지와 노력으로 세상을 살아갈 자신감을 얻게 된 날이기 때문이란다. 생각해 보면 진정으로 축하할 일이 그날이 아니겠니!

지금 기열이 너는 실감하지 못하겠지만, 네가 군문(軍門)에 들어선 그날 그 순간도 아빠의 경우처럼 거듭 태어나기 위한 길로 들어서는 순간이 될 것이라고 아빠는 확신한단다. 아빠가 너에게 그토록 강조했던 독립의 길로 접어드는 순간인 것이지. 그렇다면 아빠는 당연히 기뻐하고 축하해 줘야 할 것인데….

그러나 그게 꼭 그렇지가 않더구나. 아빠의 마음 한편에는 아들을 험한 세상에 홀로 내보내 독립하게끔 하고 싶지 않다는 생각 또한 강하게 자리 잡고 있었더구나. 언제까지나 우리 아들 기열이를 옆에 붙들어 놓고, 아빠의 보호 아래 있게 하고 싶은 마음―그런 마음이 아빠에게도 있을 줄이야! 작별의 순간도 제대로 지켜보지 못했다는 서운함, 그리고 허전함이 밀려들더구나. 공연히 눈이 축축해 오는 것이 창피해서, 옆에 있던 엄마를 외면하고 한동안 딴청을 했구나.

사랑하는 내 아들 기열아!

한산섬 달 밝은 밤에 수루(戍樓: 적의 동정을 살피려고 만든 누각)에
홀로 앉아
큰 칼 옆에 차고 깊은 시름 하는 적에
어디선가 일성호가(一聲胡笳: 한 곡조의 피리소리)는 남의 애를 끊나니

이순신 장군이 지은 시조, 알고 있지? '애를 끊는다, 애를 태우다'라는 표현은 마음이 너무도 아프고 쓰라려 창자가 끊어지는 듯하다는 의미라고 하더구나. 그날 너를 보내는 순간 엄마가 바로 그런

느낌이었다더라. 창자가 끊어지는 듯한 아픔이 단순히 느낌으로서가 아니라, 실제 통증으로 전해져 왔다는 것이다. 자식을 군대 보내는 엄마의 마음이 그런 것 같더구나.

서울로 돌아오면서 엄마하고 얘기했단다.

"엄마 아빠도 더 성장할 필요가 있겠다."

군대에 간 우리 아들이 홀로 새로운 세상에 적응하기 위해 노력해야 하듯, 엄마 아빠도 보다 성숙된 시각으로 너의 고군분투하는 독립 과정을 지켜보고 응원하는, 차분한 노력을 하기로 말이다.

우리 아들 기열아!

너에게 새롭게 주어진 모든 환경과 과제들을 받아들이고 극복해 나가는 하루하루가 됐으면 좋겠구나. 어차피 겪어야 할 것이라면 부정하기보다는 긍정하면서 체험하는 것이 정신건강에도 도움이 되겠지. 때로는 낙오할 수도, 때로는 죽을 만큼 힘든 순간도 있을 것이다. 모욕의 느낌을 받을 때가 있을지도 모르지. 그러나 그 모든 것이 어른으로서의 너의 미래 성장을 위해 반드시 겪어야 할 과정이라고 생각하면 얼마든지 극복할 수 있을 거야.

아빠는 우리 아들이 역경을 잘 헤쳐 나갈 것으로 믿는다. 엄마에게도 그렇게 말했단다. 네가 선선히 해병대에 가겠다고 나서는 것을 보면서, 그리고 필리핀에 가서 어떻든 혼자 헤쳐 나가는 것을 보면서 아빠는 우리 아들이 훌륭한 잠재력을 가졌구나 하는 사실을 깨달았단다.

혼자서 충분히 세상을 잘 살아갈 수 있는 잠재력, 혼자서 충분히 환경에 적응할 수 있는 잠재력, 혼자서 충분히 어려움을 극복할 수 있는 잠재력.

기열아!

네가 어느 누구보다도 훌륭한 잠재력을 가진 대단한 사람이라는 것을 잊지 마라. 남들보다 좀 늦었을지 모르지만 이제부터는 너의 그 뛰어난 잠재능력이 하나둘씩 깨어나게 될 것이다. 이것은 아빠가 그냥 너를 추켜세워 주려고 하는 말이 아니라 요 얼마동안 너를 지켜보면서 새삼 파악한, '객관적 사실'이란다. 아빠는 하여튼 우리 아들이 잘 해낼 것으로 믿는다.

윤기열 훈련병!

체력단련 열심히 하면서, 잘 적응하기 바란다!!

너는 잘할 수 있을 거야!!!

2011년 4월 25일
마루 컴퓨터에서 아빠 윤승모가 쓰다

큰아들의 빈자리가 생각보다 훨씬 크다. 허전하다. 잘하고 있는지 어쩐지 궁금하기도 하고, 집 떠나 고생할 것을 생각하면 마음이 아프기도 하다. 해병대 홈페이지에 들어가 해병대 신병훈련에 대해 공부한다. '인터넷편지쓰기'라는 제도가 있다. 훈련병 아들에게 쓰는 편지를 올리면 해병대에서 전달해 주는 제도다. 이것은 해병대

뿐 아니라 모든 군이 운영하고 있다. 30여 년 전 나의 군 시절에 비하면 정말 좋아졌다.

해병대의 경우 입대 다음 주 월요일부터 편지쓰기가 가능하다고 인터넷에 공지돼 있다. 4월 18일 월요일에 입대했는데 뭐 1주일이나 걸리나 싶은데, 처음 1주일 동안은 정밀 신체검사를 다시 한 번 하고 귀가(歸家) 조치할 사람을 가려낸 뒤 금요일 비로소 해병대 입대를 확정짓는다고 한다. 아주 드물기는 하지만 뒤늦게 신병(身病)이 발견되거나 하는 이유로 귀가조치 당하는 장정도 없지 않다고 한다. 그 경우는 입대한 주 금요일에 집으로 돌아온다.

남은 장정들은 금요일 비로소 교육훈련단 신병교육대대에 소대별로 배치되고 교번(敎番 : 교육생 번호)을 받는다. 훈련병들은 한 달에 두 번 입대하는데 매회 700여 명쯤 되는 듯하다. 해병대 교육훈련단에는 3개 신병교육대대가 있어 입대하는 기(期)별로 수용한다. 동기생(同期生)들은 같은 신병교육대대 내의 8개 소대에 나눠 배치돼 6주간 훈련을 받게 된다. 입대 첫 주까지 포함하면 7주를 훈련단에서 보내는 셈이다.

4월 18일 입대한 훈련병들은 해병대 1140기다. 해병대는 기수(期數)를 엄청 따진다. 이따금 훈련병들의 훈련장면이 홈페이지에 올라오는데, 기수(旗手) 훈련병이 들고 다니는 기(旗 : 깃발)에도 1140기, 1141기하는 기수(期數)가 적혀 있다. 그만큼 서열이 엄격하다는 얘기다.

각설하고…. 기열이 입대 다음 주 월요일인 4월 25일 아침 일찍부터 컴퓨터에 앉아 편지를 썼다.

"인터넷편지쓰기는 월요일부터 가능하며 매주 월·수·금요일이를 출력해서 훈련병들에게 전달되는 날이다.

훈련병들에게 무슨 낙이 있겠는가. 부모에게서 혹은 애인에게서 오는 편지 받아보는 것이 최고의 낙이 아니겠는가. 첫 편지 받아보는 날, 다른 훈련병들은 다 편지를 받는데 우리 아들만 빈손으로 만들 수는 없지!

공들여서 편지를 쓴 뒤 홈페이지에 올리려고 했지만…, 이런 낭패가 있나. 훈련병들에 대한 인터넷편지쓰기는 인원과 분량에 제한이 있단다. 한 훈련병에 대해 하루에 두 명만 편지를 보낼 수 있다. 편지 분량은 500자 이내다. 일껏 장문의 편지를 써 놓았더니만…. 별 수 없다. 편지를 500자씩 잘라서 보내는 수밖에. 결국 내가 '야심만만하게' 쓴 첫 편지는 몇 조각으로 잘려 4월 28일까지 순차적으로 보내졌다.

나는 4월 25일부터 하루도 빼놓지 않고 매일 한 통씩 아들에게 인터넷편지를 썼다. 나중에 해병대 홈페이지에 기록된 인터넷편지 수를 보니 총 39통이다. 중간 중간 우편편지도 써 보냈다. 아내도 종종 편지를 썼는데, 글쓰기에 익숙하지 않은 아내는 500자 인터넷편지 하나를 쓰는 데도 몇 시간씩 끙끙거리기 일쑤였다.

우리가 편지를 쓰는 동안 기열이도 거의 매일 편지를 썼다. 그러나 편지를 부치기가 여의치 않았던 듯, 열흘 치 편지를 한꺼번에 집에 보내오곤 했다. 이제부터 우리 아들과 주고받았던 편지를 중심으로 사연을 소개하려고 한다.

기열, 사랑하는 아들

하늘과 햇살은 완연한 봄인데 바람이 차게 부는구나.

아픈 데는 없는지 음식은 먹을 만한지 잠자리는 편안한지 걱정이 끝이 없다. 훈련이 힘들겠지만 잘하고 있겠지.

긍정적으로 생각하면, 힘든 일을 겪으면서 얻는 성취감과 만족감도 크단다. 그 충만하고 여유로운 기분은 직접 경험하지 않으면 모르는 것이지. 너를 군대에 보내고 엄마도 감정적으로 좀더 성숙해지는 것 같다. 엄마도 너와 이런 연락두절 상태는 처음이잖니? 특히 너 고생하는데.

아버지는 매일 해병대 사이트 둘러보고 편지도 미리 써 놓고 하신다. 네가 느끼는 것 이상으로 마음 쓰고 계시는 모습을 너에게 보여주고 싶다.

며칠 전에는 편지쓰기란에 네 이름 넣어 보시더니 "연평도에 배치됐다"고 해서 놀랐다. 알고 보니 1137기 윤기열이었단다. '동명이인'임을 알고 가슴을 쓸어내렸다.

그리고 정문에서 핸드폰 사진 찍은 건 정말 잘했어. 엄마가 핸드폰 바탕화면으로 해놓고 계속 보고 있단다. 아무리 봐도 정말 잘생겼잖아!

우리 아들이 잘 해내리라 믿고 있을게. 소열[1], 페로[2]도 잘 있다.

4월 25일 엄마의 편지

"모든 것은 긍정적으로"

사랑하는 아들, 기열아! 지난 주말에는 캐나다 진호 아저씨[3]가 왔었단다. 보자마자 기열이는 어떻게 됐냐고 그 말부터 묻더라. 입대하는 날 찍은 사진을 보여줬더니 미남이라면서 흐뭇해하더라.

진호 아저씨 말이, 필리핀에서 너와 지내보니 상당히 듬직하고, 말 하는 것을 보니 머리가 좋은 아이더라는 얘기를 하더라. 부모가 보는 자식하고 제3자가 보는 자식은 다른 점이 있는가 싶은 생각이 들더라.

부모 곁을 떠나서 군대에 들어가 생활하는 너의 모습도 제3자

---

1 소열(윤소열)은 기열의 동생이다. 중학교 3학년이다. 우리는 남자 형제 둘이다.

2 페로는 기열이가 키우던 페럿(족제비)의 이름이다.

3 '진호 아저씨'는 필리핀에서 기열이를 돌봐 준 친척(나의 이종사촌으로, 기열이에게는 5촌 아저씨이며 이름은 이진호)을 말한다. 그는 캐나다에서 'KORYO KOREAN BBQ'라는 프랜차이즈 음식점 사업을 하고 있다. 캐나다 전역에 가맹점이 25개에 달해, 2011년 4월 15일자 〈한국경제신문〉에도 소개되는 등 나름대로 성공한 사업가다. 2010년 말, 필리핀에도 진출해 첫 가게를 오픈했다.

의 눈에는 의젓하게 비치지 않을까, 이런 생각을 해 본단다.

"그래, 진호 아저씨도 그렇게 말하는 것을 보면 우리 아들은 군대에서도 잘할 거야" 이런 생각.

모든 것이 처음 경험하는 것이고 하루하루 힘들겠지만 그런 경험과 노고가 다 나에게 보탬이 되는 것이라고 생각하고 긍정적으로 받아들이면서 지내길. 그렇게 하고 있겠지만. 사랑하는 아들! 파이팅!

4월 27일 아빠의 편지

상대방이 어떤 환경에 처해 있는지 전혀 모르는 상태에서는 편지도 의례적인 것이 되기 마련이다. 아들이 지금 어떤 심경인지, 무슨 일을 하는지 모르는데 그저 안부를 묻는 것 외에 무슨 말을 쓰겠는가.

그러나 4월 29일 금요일, 해병대에서 소포가 하나 도착하면서부터 상황은 실전 모드로 바뀌었다. 아들이 입고 갔던 사복이 들어 있는 소포다. 군대에 자식을 보낸 부모들은 그 소포를 받았을 때의 심정을 다들 경험했을 것이다.

집에 온 소포는 "해병대에 입대한 자제가 보낸 소포입니다"라는 문구가 커다랗게 인쇄된 종이박스다. 30여 년 전, 내가 입대한 뒤 보낸 소포를 받아본 내 부모의 심정은 어떠했을까. 그때는 양회봉지 같은 누런 종이 한 장과 노끈을 주고 옷을 대충 묶어 보내도록 했다. 요즘은 그때에 비하면 포장이 훨씬 좋다. 택배박스처럼 말끔하다. 그러나 요즘 부모라고 해서 옛날 허름한 양회봉지꾸러미를 받은 우리네 부모보다 가슴이 덜 아리지는 않을 것이다.

내 경우는 "해병대에 입대한 자제가 보낸 소포입니다"라는 문구가 마음을 더 무겁게 했다. 부모 눈물샘을 자극하려고 그런 문구를 인쇄해 놓았나….

소포를 열어보니 아들의 편지가 들어 있다. 대기병으로 있는 동안 썼던 것을 소포에 동봉한 것이다. 짧게 끊어 쓴 그 편지를 보니, 나도 아내도 가슴이 뭉클해진다. 아들이 보내온 편지를 원문 그대

해병대 교육훈련단에 입소한 훈련병들은 입대2주차
월요일에 입대 때 입고 갔던 사복을 집으로 보낸다.
사진은 그 사복을 담은 포장박스다.

로 옮겨 본다. 껄끄러운 내용이 있지만 그것도 훈련병의 심정을 솔직하게 보여주는 것이라 생각되기에 '편집'하지 않았다.

시간을 내 편지를 씁니다

아직은 가입소이기 때문에 본격적인 훈련을 받지 않아 육체적으로 힘들지는 않지만, 어머니 아버지 동생 보고 싶습니다. 사랑합니다.

4월 21일 저녁 8시 아들의 편지

어머니 아버지 잘 지내고 계신지요

아직 가입소 기간이라 많이 힘들지는 않습니다. 하지만 항상 어머니 아버지가 그립습니다. 입대하기 전 며칠 동안 부모님과 함께했던 기억들이 생생하게 떠오릅니다. 어머니 아버지에 대한 그리움에 눈물이 앞을 가립니다.

보고 싶습니다. 사랑합니다.

어머니가 주신 깔창은 운동화에 넣어두었다가 군화에 넣었는데 그만 잃어버리고 말았습니다. 아마 바뀐 모양입니다. 그 무엇보다 어머니가 해주신 밥이 먹고 싶습니다.

얼마 전에 군·사회 지인을 쓰라는 설문이 있었는데 아버지께서 그 해병대 장군이라는 분의 성함과 계급을 알려주셨으면 좋았을 텐데요. 그리고 병과 상담할 때 제가 수송을 쓴다고 수송이 될지 모르겠습니다.

PS1 편지를 보내주실 때 천 원짜리 몇 장 넣어 주세요. 선배 기수가
       요긴하게 쓸 곳이 있다고 했습니다.
PS2 아버지 동창이신 해병대 장군의 성함과 계급을 알려주세요.
PS3 동생아 너도 사랑한다. 페로 좀 잘 돌보아 다오.[4]

4월 24일 일요일 저녁1 아들의 편지

사랑하는 부모님께

어머니 아버지. 초등학교 4학년 때 미국에 혼자 있을 때, 그리고 얼마 전 필리핀에 혼자 있을 때에는 부모님이, 혹은 집이 이토록 그립지 않았습니다. 동기들도 괜찮은 친구들이 많지만 부모님이 그립습니다.

    또 이틀 전에 머리를 밀었습니다. 하지만 모두 머리를 밀었기 때문에 별로 실감은 나지 않습니다.

---

4 기열이 동생 소열이는 이 편지를 받고 답장을 썼는데 딱 한 줄이다. "형. 잘 지내고 있어? 나는 잘 있어." 하여튼!

아들 윤기열이 해병대 훈련병 시절 집에 보내온 편지들. 아들은 해병대 교육훈련단 7주동안
3통의 군사우편을 보내왔다. 거의 매일 편지를 썼지만 그것을 우편 발송하는 상황이 여의치
않아, 한꺼번에 몰아서 부쳤다고 했다.

부모님 곁을 떠난 지 이제 겨우 6일째지만 정신적으로 너무 힘듭니다. 군대에 와서 가족의 소중함을 배웁니다. 부디 건강하십시오.

4월 24일 저녁2 아들의 편지

현빈 선배의 노래

어머니 아버지 안녕히 주무셨습니까? 저는 잘 잤습니다. 오늘 새벽에 보초를 섰습니다. 힘들었지만 버틸 수는 있습니다. 오늘 입소식을 하면 정식으로 훈련병이 됩니다. 총 7주간의 과정에서 벌써 1주가 갔습니다. 하지만 부모님과 만날 6월 3일을 기다리면 시간이 참 느리게만 갑니다.

저번 주 현빈 선배가 훈련소에 있을 때에는 현빈 선배가 부른 노래를 식당에서 틀어주었지만, 현빈 선배가 수료하자마자 그 노래는 틀어주지 않습니다. 우리 기수에도 오종혁이 있지만 클릭비 노래는 틀어주지 않습니다. 그리고 들리는 소문에 의하면 현빈 선배는 여기서도 특별했다고 합니다.

보고 싶습니다. 사랑합니다.

소포에 넣어 먼저 보냅니다.

4월 25일 아침 아들의 편지

사복 소포와 함께 온 편지. 우선 눈에 띄는 것이 엄마 아빠라고 하지 않고 어머니 아버지라고 한 점. 집에서는 엄마 아빠라고 했었다. 아마도 군대 가면 부모에 대한 호칭을 어머니 아버지라고 해야겠다고 결심했던 모양이다. 기특한 것….

아들이 입대하기 전에 이따금씩 "이제부터는 어머니 아버지라고 부르는 게 어떻겠니"라고 말했다. 그때마다 "나중에 자연스럽게 할 거예요"라며 별로 경청하지 않는 눈치였는데…. 그래, 큰 결심했다.

아들도 어른스러워져야겠다는 마음을 먹고 있었던 것이다. 호칭만 바뀐 게 아니라 말투도 많이 달라졌다. 전에도 부모에게 존대하긴 했지만 "안녕히 주무셨습니까"라는, 깍듯한 존댓말을 쓰진 않았다.

부모에 대한 그리움에 눈물이 앞을 가린다니…. 부모 된 자로서 가슴이 아리지 않을 수 없다. 군대 가면 전우애와 동기애가 생긴다, 생사고락을 함께하는 정을 느끼게 된다고 하지만 그것은 시간이 지난 뒤의 얘기다.

병영에 갇혀 무서운 호랑이 같은 교관들에 의해 일거수일투족을 통제받는 입영 장정의 신세. 앞으로 어떤 훈련을 받게 되며 어떤 생활을 겪게 될지 미래에 대한 불안감이 없을 수 없다. 누구 하나 상의할 상대방도 없다. 호랑이 같은 교관에게는 겁나서 말 못하겠고, 동기들이라고 해봤자 피차 생면부지인 데다 그들도 모르기는 마찬가지다. 절해고도(絶海孤島)에 혼자 떨어진 느낌에 비할까, 맹수와 독충이 우글거리는 정글에 혼자 남겨진 느낌에 비할까.

부모의 품, 가정의 따뜻함이 왜 그립지 않겠는가. 아들아. 아버지도 30여 년 전에 그랬단다. 그 심정 왜 모르겠니. 얼마나 힘들겠니.

아들이 천 원짜리 몇 장을 보내 달라고 한 이유를 그때는 몰랐다. 모르지만 하여튼 자식이 원하는 일이니 곧바로 편지에 동봉해서 표 나지 않게 보낼 수밖에…. 나중에 안 것이지만 이 천 원짜리는 자동판매기에서 음료수를 꺼내 먹는 데 썼다고 한다.

모든 훈련병은 일단 훈련단에 입소하면 가지고 간 돈을 맡겨야 한다. 그러니 현금이 하나도 없다. 훈련병들은 PX이용이 금지돼 돈을 쓸 일도 없으니 가지고 있어봤자 쓸모도 없다. 그러나 예외 없는 세상은 없는 법. 야외훈련을 나가면 곳곳에 음료수 자판기가 있는데, 교관들 몰래 여기서 음료수를 뽑아 먹을 수 있다고 한다. 훈련 중에 어쩌다 맛보는 달착지근한 탄산음료의 맛이란? 한마디로 꿀맛이었다고 한다.

여기서 현빈은 배우 겸 가수 현빈(김태평)을 말한다. 현빈은 해병 1137기로, 3월 7일에 입대했다. 기열이보다 한 달 열흘 정도 입대가 빠른, 3기수 선임이다. 해병대 훈련단에서 머무는 기간이 총 7주이니 기열이가 대기병이었을 때 1주일 정도 현빈과 함께 체류

한 셈이다.

현빈의 해병대 입대는 사회에서도 떠들썩한 화제였지만 훈련단에서도 특별한 이벤트가 많았다고 한다. 현빈이 훈련받는 동안 해병대 신병훈련을 주제로 한 TV다큐멘터리 프로그램이 2편이나 방송됐다. 훈련병이면서도 해병대 홍보를 위한 프로그램에 출연도 해야 했으니, 현빈은 훈련단 내에서도 특별한 존재이지 않을 수 없었을 것이다.

해병대는 매 기수마다 기수가(期數歌)를 정해 동기들이 함께 부른다고 한다. 현빈이 속한 1137기의 기수가는 현빈이 부른 노래 '그 남자'였다. 아들이 훈련단에서 들었다고 한 현빈의 노래가 바로 그 기수가였다. 1137기가 훈련단을 수료하고 나가면서 훈련단에서 틀어주는 기수가도 다른 것으로 바뀌었다.

클릭비의 가수 오종혁은 아들의 1140기 동기다. 현빈에게 가려서 주목을 별로 받지는 못했지만 그래도 알아주는 가수였다고 한다. 나중에 아들에게 들은 것이지만 1140기 동기생들 사이에선 오종혁에 대한 여론이 굉장히 좋았다고 한다.

현빈이나 오종혁이나 똑같은 연예인인데 오종혁 때는 특별한 이벤트가 없었다는 사실이 동기들의 공감을 산 모양이다. 오종혁은 평범한 훈련병으로서 정말 열심히 훈련받았다고 한다. 20발의 사격 중에서 18발 이상을 과녁에 맞추면 특등사수가 되는데 오종혁은 100% 자력으로 특등사수에 올랐다고 한다. 아들은 오종혁과는 다른 소대였는데 어떻게 된 일인지 훈련단을 마칠 때 오종혁의

사인을 하나 얻어서 동생(윤소열)에게 보내왔다.

해병대는 입대지원 때부터 계열별로 지원을 받는다. 해병대도 일반보병, 공병, 기갑, 수송, 병기 등 병과분류가 육군과 큰 차이 없다. 하지만 반드시 지원한 계열대로 배치되는 것은 아니다. 입대 3주차에 개별 훈련병들을 대상으로 병과상담을 해서 병과를 다시 배정해준다. 나는 아들이 입대하기 전 운전면허를 취득했으니 병과상담 때 수송병과를 지원하면 어떠냐고 권유했었다. 그러나 아들은 병기병으로 배치됐다.

심리적으로 얼마나 불안했으면 '아버지 친구 해병대 장군'을 찾을까? 지푸라기 하나라도 잡고 싶은 그 심정, 알고도 남음이 있었다. 30여 년 전 내가 입대했을 때도 뭔가 작성해서 제출하는 서류 중에 군·사회 지인을 써 넣는 칸이 있었다. 그뿐이 아니라, 부모나 친척 중에 군 대령급 이상 고급장교가 있는 사람 손들라고 해서 특별히 체크하기도 했었다.

　요즘 세상이 어떤 세상인데 군·사회 지인이 있다고 해서 뭐 특별히 달라질 것이 있겠는가? 하지만 절해고도에 혼자 떨어진 심경의 훈련병들에겐 그 '군·사회 지인'이 세상과 연결시켜줄 지푸라기가 되지 않을까 하고 기대하기 십상이다.

　돌이켜보면 30여 년 전 나도 그랬으니까(물론, 나는 이렇다 할 군·사회 지인이 없었기 때문에 쓰지 못했다. 부모가 농사꾼인 집인데 무슨 배경이 있겠는가. 그러나 그때 만일 내게도 군·사회 지인이 있었다면 틀림없이 써 넣었을 것이다).

아들은 '아버지 친구 해병대 장군'이라고 했지만 그건 잘 몰라서 한 소리다. 내 고등학교 동기동창 중에 해병대 대령이 한 명 있다. 언젠가 밥상머리에서 "그 친구도 장군 진급할 때가 되지 않았나…"라는 얘기를 한 적이 있다. 아들이 입대한 뒤 '군·사회 지인'을 쓰라는 걸 보고선 밥상머리 대화를 어설프게 기억해 낸 모양이다.

하이고, 불쌍한 녀석. '아버지 친구'가 무슨 도움이 되겠니? 우리 연배치고 중고등학교 동창 중에 군 고급장교 한 명 없는 사람이 얼마나 되겠니?

더구나 그 시점은 아들이 입대한 지 이미 2주가 다 돼가는 시점이다. 설혹 아버지 친구 대령이 도움이 된다고 해도 이미 버스 떠나간 뒤다. 군·사회 지인은 입대 초기에 묻는 것이다. 훈련단에서 다시는 그런 설문을 하지 않을 것이다(나중에 아들에게 들어 보니 실제로 그 후에는 군·사회 지인을 묻는 일이 없었다고 한다).

그러나 아들에게 실망을 안기고 싶지 않았다. 본인도 뭔가 배경이 있다고 생각하는 게 훈련을 견뎌내는 데 도움이 될 수 있겠다는 판단이 들었다. 이럴 때는 일단 '있는 척'하고 볼 일이다. 곧바로 기열이에게 인터넷편지를 썼다. "기열아, 걱정하지 마라. 너도 배경이 든든하다." 뻥을 쳤다.

기열이 옷을 받고

사랑하는 아들 기열아. 오늘 네 옷을 받았다. 고생이 많지? 아빠도 눈물이 나는구나.

기열아. 아버지 고등학교 동창 ○○○아저씨는[5] 장군이 아니고 대령이란다. 네가 입대한 다음날 저녁 마침 모임이 있어서 서울에서 그 아저씨하고 술 한잔 했단다. 네 걱정을 하면서 말이야. 기열이가 군대생활 잘할 것이라고 아빠를 격려해 주더구나.

인터넷을 보니까 현빈에 대한 특별대우 문제를 지적하는 글이 꽤 있더구나. 아마도 지금은 그런 특별대우는 없지 않을까 생각해. 해병은 모두가 평등하니까 함께 고생하고 함께 웃는 생활을 하는 게 당연하겠지. 기열이도 마찬가지로 공평하고 정당한 군생활을 하게 되겠지.

4월 29일 아빠의 편지

5 ○○○대령, 미안하네. 내가 아들을 위해 자네를 팔았네. 하하.

단절斷絕의 실감

4월 29일 소포와 함께 온 편지 이후 아들로부터 다시 편지가 온 것은 5월 18일. 기열이가 훈련을 잘 받고 있는지, 동기들과 잘 어울리고 있는지, 혹 아프지는 않은지 아무것도 모르는 상태에서 나와 아내는 19일 동안 일방적으로 기열이에게 편지를 보냈다.

해병대 홈페이지와 카페를 뒤적이면서 해병대 신병 훈련일정을 파악한 뒤 '지금쯤은 어떤 훈련을 받을 테니 이런 말을 해주는 게 좋겠다'고 추측해서 그에 맞게 편지를 썼다. 인터넷편지, 자필편지, 컴퓨터에 써서 출력해 우편으로 보낸 편지가 있지만 자필로 쓴 편지는 기록이 남아 있지 않아 여기에 옮기지 못했다.

독자의 이해를 돕기 위해 여기서 해병대 신병훈련의 대략적인 스케줄을 소개한다. 해병대 신병 훈련은 1주차 정신교육부터 시작해 시간이 갈수록 그 강도가 세지는 특성이 있다.

훈련단에 입소한 첫 주에 실시되는 신체검사와 인성검사에서

해병대 신병 표준교육 훈련표(2011년 7월 이후 시행)

구분	1주	2주 (훈련1주)	3주 (훈련2주)
목표	신분전환	군기본 자세 완성	단결심 배양
표어	–	복종	단결
월	가입소행사 신인성검사	입소식 군사기초/도수제식	공수기초훈련/ 참호·격투봉훈련
화	신체검사/피복체적	개인화기 이론/ 분해 결합	KAAV탑승/ IBS기초
수	사고예방/안전교육 안보교육 군사기초/도수제식	경계	병과소개/면담
목	피복지급/교체	화생방이론/실습	전투수영
금	파상풍 예방접종/ 이발 (부적격자 귀가조치)	전투병생존법	전투수영
토	훈련복/물품지급	전투체력	사격술이론/ 예비사격술

4주 (훈련3주)	5주 (훈련4주)	6주 (훈련5주)	7주 (훈련6주)
사격능력 배양	전투기술 습득	극기심 함양	기초전술 완성
인내	도전	극기	명예
예비 사격술	유격기초훈련	장애물/ 전투전사 과제 숙달	군사기초/ 종합평가
개인화기 사격	유격기초훈련	각개전투/ 침투훈련, 화생방실습	교육사열 타임캡슐 봉인식
개인화기 사격	K-3, K-201사격	각개전투/ 침투훈련, 화생방실습	소도피복 보급
개인화기 사격	수류탄투척 훈련	고지정복훈련 (천자봉 등정)	수료식/면회
개인화기 사격	부대공개 배치	빨간명찰 수여식 군사기초/종합	부대 이동
역사관견학 군사기초/ 집총체조	군사기초/ 총검술 성례식	전투체력	—

적격판정을 받은 신병은 입대 2주차(신병훈련 1주차) 월요일, 입소식을 하고 입대할 때 입고 간 사복을 포장해 집으로 발송했다. 그 소포가 그 주 목요일이나 금요일쯤엔 집에 도착한다. 부모들 가슴 아프게 하는 소포다.

2011년 7월에 입대한 1145기부터는 시스템이 조금 바뀌었다. 1144기까지는 없었던 타임캡슐 봉인식 등이 새로 생겼다. 또, 1145기부터는 훈련 4주차 때 적부심사를 다시 한 번 해서 부적격자 판정을 받은 신병을 추가로 귀가시킨다고 한다. 훈련을 받는 중간에도 탈락할 수 있으니 그만큼 열심히 하라는 의미도 될 것이다.

앞의 표준훈련계획표는 1145기 이후 새로 적용되는 것이다. 훈련 3주차까지는 육체적으로 크게 힘든 건 없다고 한다.

일요일 오전은 종교활동이 보장된다. 종교가 없는 훈련병도 교육훈련단 내의 교회와 성당, 절을 찾아 열심히 종교활동을 한다. 두 가지 이유가 있다. 첫째, 종교에 의지해 고단한 심신을 위로받기 위해서다. 둘째, 초코파이 같은 과자를 먹으려는 목적도 크다. 모든 군의 훈련병들은 단 것에 굶주려 있다. 잠자면서도 초코파이 먹는 꿈을 꿀 정도라고 한다.

이런 훈련병들을 위해 군 교회나 사찰, 성당에서는 과자를 준비해 훈련병들에게 나눠준다. 천주교의 경우, 새로 입교하는 20~30세의 젊은 남자들의 80% 이상이 군대 종교활동이 계기가 돼 입교한 사람들이라고 한다. 초코파이는 가장 효율적인 포교수단이기도 한 것이다.

훈련4주차는 유격훈련이다. 해병대 신병 유격훈련장은 포항시 장기면 양포리에 있는데, 거길 가려면 15~20km 정도를 행군해야 한다. 사회에서 행군을 해본 경험이 전무한 훈련병들에게는 이 행군이 굉장히 고되게 느껴진다고 한다. 신병들끼리는 4주차훈련을 양포행군이라고 통칭한다.

4주차 금요일에는 공개 부대배치를 한다. 훈련단을 수료하고 생활할 실무부대(자대)를 발표하는 것이다. 이때 발표되는 부대배치는 1사단(포항) 2사단(김포) 6여단(백령도) 연평부대 등 지역구분을 말한다.

훈련5주차는 극기주(克己週)라고 한다. 월요일부터 3일간 식사량도 평소의 절반으로 줄이고, 잠도 서너 시간밖에 재우지 않는다. 그런 상태에서 목요일 고지정복 훈련을 한다. 흔히 천자봉 등정(登頂)이라고 한다. 천자봉은 포항에 있는 해발 약 500미터 정도의 산으로, 높지는 않지만 굉장히 가파르기 때문에 오르기가 쉽지 않다고 한다. 완전군장으로 오르는 천자봉 등정은 해병대 신병훈련의 꽃이자 상징이다. 천자봉 등정을 마치면 해병대의 상징인 빨간 명찰을 달아준다. 비로소 해병이 됐다는 의미다. 훈련병들은 천자봉 등정을 통해 성취감을 맛보고 해병으로서의 자긍심을 갖게 된다고 한다.

천자봉 등정이 끝나면 교관들도 훈련병을 다소 풀어준다. 그 다음 주, 훈련6주차는 이때까지의 훈련을 종합점검하고 평가하는 기간이다. 이 주 화요일에 타임캡슐 봉인식을 갖는다. 각 훈련병들의

각오와 소원, 훈련소감 등을 적어 넣은 타임캡슐을 봉인하고 20년 뒤에 동기들과 함께 찾아와 보도록 한다는 취지다.

그리고 6주차 목요일, 모든 훈련병들이 학수고대하는 가족들과의 면회를 끝내면 그 다음날 실무부대를 향해 출발한다. 7주간 동고동락한 훈련병들은 동기들과 헤어지는 순간, 동기애를 절감하면서 예외 없이 눈물을 흘린다. 교육훈련단을 나선 이등병 해병은 그때부터 진짜 군대생활을 시작하게 된다.

해외에서 쓰는 편지

오늘은 일요일이구나. 교육훈련이 없는 날인데 어떻게 보내는지? 종교활동을 하겠다고 하더니 어디 갔다 왔니? 아빠 옛날 훈련소 시절 생각이 나는구나. 훈련이 없는 일요일이 오히려 지루하게 느껴졌던 것 같은 기억이 나는데 너도 그런가 모르겠다.

아빠는 어젯밤 일이 생겨서 필리핀에 와 있단다.[1] 지금 이 편지는 아빠 핸드폰으로 해병대 홈피에 접속해서 쓰는 거란다. 세상이 좋아지긴 했지? 아디에게 네 사진 보여줬더니 멋지다고 하더라.

기열아 사랑한다. 네가 입대한 날 기억이 어제 일처럼 생생한데

---

1 이때 나는 고려 코리안 BBQ라는 프랜차이즈 음식점을 하는 사촌(이진호)을 만나기 위해 필리핀에 출장 중이었다. '아디'는 사촌 회사에서 일하는 필리핀 현지인의 이름이다.

벌써 2주가 지났구나. 하루하루는 더디지만 앞으로도 세월은 그렇게 빨리 흐를 거야. 기열아 힘내!

　필리핀에서 아빠가.

필리핀 갔다 왔단다

아들아. 잘 지내지? 주변 환경에 좀 적응이 됐니? 잘 적응하고 잘 지내고 있으리라 믿는다. 아빠는 토요일 밤에 필리핀 갔다가 오늘 월요일 새벽에 돌아왔다. 2박1일이었던 셈이지. 고려BBQ에 들렀더니 모두가 네 안부를 묻더구나. 기열이 사진을 보여줬더니 군인 같아 보인다면서 반가워하더라. 아디가 너에게 선물 주라고 묵주를 사주더구나. 팔에 차는 묵주 말이야. 나중에 면회 때 가져가마.

　외국에서도 로밍폰으로 해병대 홈피에 접속해 편지쓰기가 가능하기에 세상 참 좋아졌다고만 생각했는데 나중에 보니까 통신사에서 '데이터 로밍 요금이 5만 원이 넘었습니다'라는 문자가 오더구나. 외국에서 인터넷 접속하고 데이터 다운받거나 올리는 데 요금이 엄청 나온다는구나. 덕분에 일요일 기열이에게 쓴 인터넷편지는 5만 원짜리 편지가 됐단다.

　해병대 홈피 자유게시판 답변을 봤더니 일요일도 내내 휴식은 아니더구나. 지루할지 모른다고 한 아빠 말이 틀렸더구나. 이래저

래 힘들겠지만, 하여튼 열심히 하면서 건강하게 보내라.

　기열아 사랑한다.

5월 2일 아빠의 편지

사진을 기다린다

벌써 2주일이 넘었구나. 군생활이 어떤 것인지 조금은 알 만한 때가 되지 않았나 싶은데 너는 어떠니? 여전히 서툴고 낯설고 불편하고 힘든 것이 많겠지만 그래도 너는 차근차근 잘 적응해 나갈수 있을 것이라고 아빠는 믿는다.

　오늘 올림픽대로를 지나다가 김포 쪽을 보면서 너 운전면허 딸때 함께 오간 기억이 났단다. 네가 엄마 아빠하고 함께했던 시간들이 기억난다고 했지만 아빠야말로 너와 함께했던 시간이 항상 새롭단다. 네가 보고 싶구나. 이번 주에 1140기 교육훈련 모습 사진을 인터넷에 올려준다고 예고가 돼 있던데, 그 시간을 학수고대하고 있단다. 하루에도 몇 번씩 해병대 홈피에 들어가 확인해 보면서.

　네가 군대에 가고 나서 가족의 소중함을 알았다고 했지만 아빠야말로 네가 군대 가고 나니까 너에 대한 사랑을 확실히 알겠더구나.

　아들아 사랑한다. 아빠가 항상 응원하고 있다는 거 잊지 말고, 힘내라. 윤기열!

5월 3일 아빠의 편지

52

신병 1140기 8소대 3생활실 기념 사진 (2011.4.31)

해병대 교육훈련단은 훈련병들이 훈련을 받는 중간중간 훈련장면 사진을 촬영
해 해병대 홈페이지와 '날아라 마린보이' 블로그에 올려준다. 부모들은 이 사진
들을 보면서 자식의 안부를 확인한다. 이 사진은 훈련단 입소3주차에 해병대
홈페이지에 올라온 1140기 훈련병들의 생활실 별 첫 사진이다. 두 번째줄 맨
왼쪽이 윤기열 훈련병.

황사가 개인 날에

잘 지내고 있지?

　어제까지 황사가 가득하더니만 오늘은 그래도 날이 좀 맑구나. 우편으로 보내준 편지와 사진들은 받아봤는지 궁금하구나. 그러고 보니까 벌써 네 후배기수가 입소했겠구나. 따지고 보면 불과 며칠 차이 나지 않지만 후배 기수를 보면 뭔가 어수룩하고 신선한 느낌이 들지 않니? 네가 그만큼 진짜 군인, 해병이 돼 가고 있다는 증거겠지. 지금 너는 너도 모르는 사이에 하루하루 달라지고 있을 것이다.

　무엇이든지 긍정적으로 생각하면서 열심히 하기를 바란다. 그 것이 너를 훌륭한 어른으로 만들어 주는 지름길이라고 믿는다. 기 왕 겪을 과정이라면, 거기서 뭔가 소득을 얻어야겠지.

　아들의 해맑은 얼굴이 보고 싶구나. 거기에 혹은 거칠고 나이 많은 동기들도 없지 않을 텐데, 해맑고 순진한 기열이가 잘 헤쳐 나가는지 걱정이 되기도 하고. 그러나 너는 현명한 아이니까 잘 해 나가고 있겠지! 아빠는 그렇게 믿고 기다리고 있단다. 기열아, 사 랑한다. 힘내라!

5월 4일 아빠의 편지

군복 입은 아들의 첫 사진

오늘, 5월 5일 새벽 1시 반에 인터넷 해병대 홈페이지 들어가 보니 반갑고도 반가운 사진이 올라와 있더구나. 우리 아들 기열이 사진.

8소대 3생활실 22명 동기들의 사진 두 번째 줄 맨 왼쪽에 네가 있더구나. 고마워라. 아직은 해맑음 그 자체이지만 그래도 해병 모습을 조금은 갖춰가는 듯한 모습.

3생활실 동기들 모두가 건전하고 씩씩한 젊은이의 기상을 갖춘 것으로 보이더라. 그렇지 않아도 동기들하고 잘 지내겠지만 아픔과 고통과 슬픔과 기쁨을 함께하면서 때로 감정 상하는 것이 있어도 참고 인내해 가는 생활이 됐으면 좋겠구나.

아빠는 네가 안경 쓴 것이 훈련받을 때 좀 지장이 되지 않을까 걱정했는데 사진에 보니까 안경 쓴 동기들이 너를 포함해서 8명이더구나. 22명 중에 8명이면 근 3분의 1이라는 얘긴데 그 정도 다수가 함께 고충을 겪는 것이라면 큰 문제는 안 되겠다 싶어 조금은 안심이다. 기열아, 사랑한다. 힘내라!

5월 5일 아빠의 편지

뿌거운 일

아들아! 힘차게, 밝게!

오늘 1138기 수료식이지? 인터넷 보니까 1138기 부모들은 아들 보러 간다고 난리더라. 아빠도 부러웠지만 너도 부러웠겠지? 하여튼 벌써 너도 훈련 2주를 보냈다는 얘기가 되니, 면회 날이 이제 얼마 안 남은 셈이다.

8소대 3생활실 동기들과 찍은 기열이 사진을 다시 찬찬히 보니까 얼굴이 약간 그늘져 보이기도 하던데? 햇볕에 눈을 찡그려서 그런 건지, 걱정되는 일이 있어서 그런 건지 궁금하구나. 무엇이든지 긍정적으로 생각하고, 배워두면 다 쓸데가 있는 것이니 열심히, 그리고 웃는 마음으로 받아들이면 좋겠구나.

〈해병대 다큐 3일〉이란 프로그램을 봤단다. 훈련받기가 체력적으로 힘들겠구나. 잘 해낼 수 있을까 걱정이 되는 한편으로 기열이도 제 몫은 하는 청년이니 어떻게든 이겨내겠지 하는 기대를 한단다. 아빠 핸드폰 바탕화면에 3생활실 너의 사진을 깔았단다. 우리 아들을 항상 응원하고 있단다. 기열아 사랑한다, 힘내라!

5월 6일 아빠의 편지

2년(?) 군인

해병대가 운영하는, '날아라 마린보이'라는 공식 블로그가 있단다. 훈련병 사진을 올려주는 서비스를 해준단다. 생활실 동기들과 비행기 앞에서 찍은 기열이 사진 한 장을 찾았다. 팔각모가 좀 작아 보이는 듯도 하고. 그곳에 1140기 1주차 실내교육장면과 구보장면도 많던데 거기서는 네 모습을 발견할 수 없더구나.

지금은 이미 2주차 훈련을 끝냈으니 우리 아들도 많이 의젓해졌으리라 믿는다. 엊그제 1138기 수료식 면회갔다 온 부모들이 블로그에 후기를 많이 올렸더라. 면회 장소 한편으로 훈련받는 1140기 모습을 봤다는 사람도 있더구나. 1소대부터 나이순으로 배치돼서 그런지 1, 2소대는 어른 티가 풍기는데 8, 9소대는 아직 해맑은 아이더라는 내용도 있더라.

　어리다거나 대학 안다녔다고 위축될 필요 없단다. 조금 있으면 다 똑같아진단다. 그게 군대란다.

　아들! 편지 없는 것을 보니 그런대로 적응해가나 보다, 아빠는 그리 생각한단다. 아빠도 요즘은 상황에 적응해가고 있다. 기열아, 힘내라!

5월 7일 아빠의 편지

어버이날

오늘 어버이날이구나. 무심한 소열이는 새벽부터 게임하기 바쁘구나. 돈이 없다면서 카네이션도 준비하지 않았다는구나. 만날 치킨 시켜먹을 돈은 있어도 카네이션 살 돈은 없는 모양이다. 하하.

알고 보니까 1141기는 아직 입소하지 않았다면서? 아마 내일, 월요일 입소하는 것 같지? 후배기수가 들어오면 너희들도 또 많이 달라질 거야. 훈련소에서는 1기수 차이가 엄청 크지. 하하. 나중에 보면 다 '도토리 키 재기'지만 말이야.

오늘 성남 외가에 가서 점심 먹고 할아버지 댁에 들러 올 예정이란다. 우리 아들 사진 가져가려고 출력해 놨다. 사진이 크지 않아서 아쉽지만. 해병대 마린보이 블로그에서, 활동 열심히 하는 훈련병가족 추첨해서 그 훈련병의 사진과 편지를 특별히 올려주는 행사가 있던데, 그걸 노리고 열심히 댓글 다는 가족이 많더라. 아빠도 몇 건 썼는데, 다른 가족들에게 못 당하겠더라. 사실상 포기다. 우리 아들 직접 만나서 보면 되지 뭐. 기열아, 사랑한다. 힘내.

5월 8일 아빠의 편지

58

이즈음 나에게 신선한 충격을 준 사건이 하나 있었다. 나는 아들이 입대한 후 해병대 홈페이지와 관련 카페를 찾아 지금쯤 어떤 훈련을 받고 있을지 알아보고, 혹시 아들 사진은 올라오지 않았는지 찾아보는 것을 일과처럼 하고 있었다.

해병대 홈페이지에 올라온 글 하나가 나의 눈길을 끌었다. 해병대 홈페이지 자유게시판에는 훈련병 부모들로부터 온갖 소소한 질문과 의견이 쏟아진다. 이에 대해 훈련단 교육연대장과 대대장 등 지휘관들이 직접 답글을 다는 시스템이다.

5월 6일 금요일, 1138기 수료식 면회를 끝내고 온 선임 해병 부모들이 올린 면회 후일담에 "끝 소대 훈련병들은 아직 아이더라"는 내용이 있었다. 우리 아들은 고등학교 졸업하고 바로 입대했다. 당연히 나이가 어리다. 입대 당시 만 19세도 되지 않았다. 아마도 가장 어린 축에 들 것이다. '훈련단에서 나이 어린 훈련병들을 따로 모아 놓았나?'

인터넷을 조금 더 뒤적여 보니 훈련단 내 소대배치를 나이순으로 한다는 정보가 눈에 들어왔다. 동기들 중 생년월일이 가장 빠른 훈련병이 1소대에 배치되고 가장 늦은 훈련병이 끝 소대에 배치된다는 것이다. 훈련단 신병교육대대는 각기 8개 소대로 편성되는데, 1소대부터 8소대까지는 나이순으로 편성되고 9소대는 과체중자를 선발해 다이어트 프로그램을 실시하는 소대다. 우리 아들은 8소대다. 가장 막내 소대라는 얘기다.

나이순으로 소대 배치를 한다? 이건 전에 들어보지 못한 얘기였다.

'나이순으로 소대 배치를 하면, 그게 현실적으로는 대학을 다니다 온 친구들과 그렇지 않은 친구들을 구분하는 것일 수도 있는데…. 고등학교를 졸업하자마자 군대 가라고 한 것도 아들에게 미안하건만 혹시 군대에서 학력차별을 느끼게 한 것은 아닐까?'

걱정이 들기 시작했다.

고민 고민하다가 5월 9일, 해병대 홈페이지 자유게시판에 건의 글을 올렸다. 나이순 소대 배치만 갖고 왈가왈부 하는 것은 속 보이는 것 같아 다른 사안을 포함해 해병대에 대해 엄청 관심이 있는 것처럼 포장하고 최대한 정중하게 썼다.

5월 9일 해병대 홈페이지 게시판에 올린 건의문

해병대 교육훈련단 단장님, 안녕하십니까? 훈련병 키워내느라 애쓰시는 간부님들, 인사드립니다.

저는 1140기 훈련병의 아버지입니다. 해병대 홈페이지를 통해 훈련병들에 관한 소식도 듣고 편지도 보내고 있습니다. 그런 장을 마련해 주신 교육훈련단에 감사드립니다. 그동안 보고 듣고 하면서 느낀 소회가 있습니다. 혹시 해병대에 참고가 될 수도 있겠다는 생각에 외람되지만 몇 가지 의견을 말씀 드립니다.

훈련병들의 소대배치는 나이순이라고 들었습니다. 1소대 훈련병이 가장 나이가 많고, 9소대가 가장 어리다고 합니다. 아닌 게 아니라 오늘 1140기 훈련병 동영상 올라온 것을 보니까, 뒤 소대로 갈수록 앳된 모습이더군요. 보기에 안쓰러웠습니다.

교훈단에서 신병들 소대배치를 이렇게 하는 데는 나름대로 교육적인 이유가 있을 것으로 생각합니다. 그러나 국외자가 보건대 나이별로 구분해 배치하는 것이 혹 부작용은 없는지 걱정이 되기도 합니다. 훈련병들 사이에 나이별로 약간의 차별이 생기지 않을까 하는 우려입니다. 군대는 나이보다 계급이 우선되는 사회입니다. 계급이 같은 입대 동기라면 나이가 많고 적고 상관없이 서로 동등한 입장에서 어울리도록 해야 할 것입니다.

그렇게 나이와 관계없이 조직 서열에 따라서 인간관계를 맺는 방법을 가르치는 것도 훈련의 하나라고 생각합니다. 나이 많은 동기, 어린 동기들과 자연스럽게 어울리는 법을 배우는 첩경은 같은 생활실에서 함께 생활하는 것이라고 봅니다.

나이가 많고 적음을 구분하는 것은 실제에 있어서는 대학에 다니다 왔느냐 아니냐를 구분하는 결과가 될 수 있다는 점도 고려할 필요가 있지 않나 생각합니다. 만 18,19세에 입대한 신병은 대부분 대학에 다니지 않았다고 봅니다. 반면 만 20세가 넘은 신병은 대부분 대학에 다니다가 온 신병일 것입니다. 그렇기 때문에 나이별로 구분해서 소대배치를 하는 것은 학력별로 구분해 소대배치를 하는 것일 수 있다고 봅니다. 어린 소대 훈련병들이 자칫 마음의 상처를 입는 것은 아닌가, 걱정이 되기도 합니다.

글을 올린 지 하루 만에 뜻밖의 사태가 벌어졌다. 그 다음날 자유게시판에 들어가 보니 내 글에 대해 '차동길'이라는 사람이 댓글을 달았다. 클릭해보니 차동길이란 사람은 해병대 신병훈련을 책임진 교육훈련단 단장이었다. 해병대 교육훈련단장은 장군(준장)이다.

아니, 일개 무명의 민원인이 올린 글에 대해 장군이 직접 답글을 올리다니…. 그것도 형식적인 인사말이 아니라 1천자가 넘는 장문에, 조목조목 성의 있게 쓴 글이었다. 자세히 답글을 읽어보니 비서를 시켜서 쓴 것도 아니고 본인이 직접 쓴 것이 틀림없었다. 건의사항을 수용할지 여부는 둘째 치고, 장군이 직접 답글을 달았다는 사실 자체가 나에겐 신선한 충격이었다.

5월 10일, 차동길 교육훈련단장이 올린 답글

안녕하십니까. 해병대 교육훈련단장입니다. 먼저 세밀한 부분까지 관심을 갖고 정책적 조언을 해주신 데 대해 감사드립니다.
저는 지난 4월 28일 부임하여 업무를 파악 중에 해병대 홈페이지와 '날아라 마린보이'라는 블로그가 있다는 것을 알고 자주 들러 부모님들의 생각을 들어 보곤 한답니다. 말씀하신 몇 가지 사항에 대해 제가 확인한 것에 기초하여 답변을 드리겠습니다.
1. 소대배치시 나이순으로 하는 것에 대한 우려의 말씀을 주셨습니다.

확인결과 신병교육대별로 서로 다른 기준을 갖고 있었습니다. 저희는
세 개의 신병교육대가 있는데 어느 교육대는 생년월일 순으로, 어느
교육대는 키순으로 등 나름 자기들만의 논리를 가지고 이제껏 해왔다
는 것인데, 이에 대해서는 좀더 토의해서 발전시키겠습니다. … 아버님
의 관심에 거듭 감사의 인사를 드리며 행복을 기원합니다. 안녕히 계
십시오.

나는 이후로 사람을 만날 때마다 "해병대 교육훈련단장이란 분,
정말 대단하더라. 장군이 직접 민원사항에 대해 답글을 다는 것 본
일이 있느냐? 이건 정말 신문기사감이다"라고 떠들고 다녔다.

얼마 뒤, 내 얘기가 한 다리 건너 〈주간동아〉 기자에게 전해졌고
〈주간동아〉에서 실제로 이 얘기를 '필승! 소통하는 해병대 신고합
니다'라는 제목으로 기사화하기도 했다. 〈주간동아〉 내용은 나중
에 별도로 소개하기로 한다.

뒷날 들은 얘기이지만 해병대 교육훈련단이 나이순으로 신병
소대를 편성한 것은 특별한 이유가 있었던 것은 아니고 그냥 관행
적으로 그리 했다고 한다. 기열이 말에 따르면 훈련병들도 그런 소
대 편성에 대해 문제를 느꼈던 적은 없다고 한다. 그러나 교육훈련
단은 만의 하나 오해의 소지를 없앤다는 의미에서 나이순 소대 편
성을 폐지했다고 한다.

이 시기 아들은 가족과의 단절에서 오는 고통을 실감하면서도 군인으로서 조금씩 적응해 가고 있었던 듯하다. 아들이 쓴 편지에 그 심정과 변화가 잘 나타나 있다. 훈련병들은 편지를 쓸 시간이 충분치 않다. 훈련소에서 그럴 만한 여유를 주지 않는다. 우리 아들도 야간 불침번을 서거나 잠깐의 휴식시간에 틈틈이 편지를 썼다고 한다.

매번 편지를 쓸 때마다 날짜와 시간을 기록해 놓았다. 편지 부치기는 더욱 힘들었던 모양이다. 5월 18일 집에 도착한 아들의 편지봉투에는 5월 8일까지 쓴 편지들이 한 다발 들어 있었다. 이것이 아들로부터 온 두 번째 소식이었다. 아들의 편지에는 일부 '까칠한' 내용도 있지만 훈련병의 심리를 생생하게 보여준다는 첨삭하지 않고 그대로 소개한다.

 ## 훈련소 입소 이틀째입니다

아직 힘든 것은 없습니다. 선배 기수들이 말해주기를 2주차까지는 별로 힘들지 않다고 합니다. 체력적으로는 견딜 만합니다. 하지만 정신적으로 힘듭니다. 사랑합니다. 보고 싶습니다.

2011년 4월 26일 저녁 아들의 편지

"초코파이가 그렇게 반가울 줄은"

오늘 3km 구보를 하고 헌혈을 했습니다. 헌혈을 하고 초코파이를 받았는데 그렇게 반가울 수가 없었습니다. 초코파이가 그럴진대 가족을 만나면 얼마나 반가울까요. 지금은 잘 적응이 된 것 같습니다. 괜찮은 동기들이 많지만 개념 없는 동기들[2]도 있어서 걱정입니다. 하지만 힘든 훈련을 거치면 괜찮아지겠지요.

어제는 이론교육을 받았습니다. 주적(主敵)개념과 같은 군사교육이었는데 북한에 대한 적개심을 기르는 교육이었습니다. 그리고 동영상을 보여주었는데 군대에서 죽은 아들에게 17년간 편지를 쓰는 어느 아버지에 대한 동영상이었습니다. 내가 군대에서 죽으면 우리 부모님도 저러시겠구나 하는 생각이 들었습니다. 별 탈 없이 훈련 마치고 부모님을 뵙고 싶습니다. 사랑합니다.

PS 볼펜 하나만 보내주세요. 이 볼펜을 5주 동안 쓸 수 있을지, 분실하지는 않을지 걱정됩니다.

4월 30일 오후1 아들의 편지

---

2 기열이는 '개념 없는 동기'라고 했지만 어느 조직이든 그런 친구들이 꼭 몇 명씩은 있기 마련이다. 하지 말라고 하면 더하고, 그러다가 걸려서 다른 동기까지 덤터기로 단체기합 받게 하고…. 가뜩이나 힘들어 죽겠는 훈련병들 입장에서는 그런 개념 없는 친구들이 눈엣가시다. 군대 갔다 온 사람들은 그게 어떤 장면인지 그림이 그려질 것이다. 그러나 나중에는 그렇게 개념 없는 동기들의 개념 없는 행위로 인해 당했던 일들이 오래 가는 추억이 되기도 한다.

"동기들과 함께 견뎌내겠습니다"

편지는 잘 받았습니다. 어머니 아버지께서 저를 사랑하는 마음을 잘 알 수 있었습니다. 특히 아버지께서 저를 사랑하시는 마음을 잘 알 수 있었습니다. 아버지의 편지를 읽으면서 일곱 살 때 탈장수술을 받고 잠에서 깼을 때 보였던 아버지의 모습이 생각났습니다. 하루 빨리 보고 싶습니다.

작은 외삼촌은[3] 잘 계십니까? 병문안은 갈 수 없지만 안부 전해 주십시오. 또, 이진호 아저씨는 잘 계시는지, 밖에서 만난 모두 만나고 싶습니다.

여기서 가끔 선임들을 볼 수 있었습니다. 실무배치를 받았을 때가 걱정입니다. 군대라는 곳이 힘들지 않을 수 없습니다. 그러나 친한 동기들과 함께 견뎌낼 것입니다.

그리고 내일은 성당에 가 볼 계획입니다. 하루 빨리 훈련이 끝나고 면회를 하는 날이 왔으면 좋겠습니다. 사랑합니다.

4월 30일 오후2 아들의 편지

---

3 이즈음 기열이 작은 외삼촌(나의 막내처남: 장홍규)이 급성맹장염으로 수술을 받았다. 그 내용을 자필편지에 써 보냈던 것이다.

종교활동

안녕히 주무셨습니까? 아침을 먹고 편지를 씁니다. 오늘은 종교활동을 할 예정입니다. 저는 성당에 가려고 합니다.

5월 1일 아침1 아들의 편지

시간은 생각보다 빠릅니다

성당엘 다녀왔습니다. 생각보다 괜찮습니다. 인터넷편지를 읽으면서 많이 울었습니다. 하지만 많은 도움이 되는 것 같습니다. 하루 빨리 만나고 싶은 마음뿐입니다. 내일이면 3주째입니다. 생각보다 시간이 빨리 갑니다. 하지만 동시에 시간이 너무 느리기도 합니다.

5월 1일 아침2 아들의 편지

꿈에서 깬 뒤의 허탈함

점심은 드셨습니까? 저는 잘 먹고 있습니다. 하지만 밥을 먹을 시간이 5분 정도밖에 되지 않습니다. 어머니께서 해주신 밥이 너무 그립습니다. 여기에 와서 꿈을 많이 꿨습니다. 그중 둘은 가족들이 나오는 꿈이었습니다. 꿈을 깨며 일어나는 아침이 허탈하고 공허

합니다.[4] 꿈에서 먹고 싶은 것을 먹고 가족도 보지만 아침에 일어나면 아무것도 없습니다. 앞으로 4주 남았습니다. 4주 후에 잠시 보고 휴가 나올 때까지 보지 못하겠지만 6월 3일 면회일이 너무나도 기다려집니다.

5월 1일 오후 아들의 편지

편지가 힘이 됩니다

들리는 소문에 오늘 편지를 보낸다고 합니다. 이 편지가 언제 도착할지는 모르겠지만 빨리 도착했으면 좋겠습니다.

제 편지는 가끔씩만 도착하지만 인터넷편지는 자주 받을 수 있습니다. 편지 자주 해 주십시오. 제게 많은 힘과 위로가 되는 것 같습니다. 빨리 보고 싶습니다. 사랑합니다.

5월 1일 오후 5시경 아들의 편지

---

4 꿈을 깨며 일어나는 아침이 허탈하고 공허하다는 표현. 아버지인 나에게는 정말 가슴에 와 닿는 말이었다. 그런데, 녀석이 어떻게 저렇게 좋은 표현을 구사할 수 있게 됐지?

멋진 사나이가 되겠습니다

오늘 편지를 보내는 날이지만 우표 보급이 좋지 않아서 5분의 1정도밖에 편지를 보내지 못했습니다. 제 편지를 빨리 보냈으면 좋겠지만 늦어져서 안타까울 뿐입니다. 훈련이 끝났을 땐 멋진 사나이가 되어 있겠습니다. 아버지 말씀대로 남들 다 하는데 저라고 못할 것은 없습니다. 열심히 하겠습니다. 사랑합니다. 안녕히 주무세요.

5월 1일 오후 8시 45분 아들의 편지

벌써 보름이 지났습니다

훈련 2주차에 돌입했습니다. 어제 편지를 보내고 싶었는데, 언제 보내고 언제 도착할지 모르겠습니다. 시간은 빨리 가는 듯합니다. 엊그제 입소한 것 같은데 벌써 보름이 지났습니다. 하지만 부모님을 보고 싶은 마음에 수료식까지는 너무도 깁니다.

5월 2일 점심 아들의 편지

공수 훈련의 재미(?)

오늘 공수 훈련을 받았습니다. 생각했던 것보다 재미있었습니다.

5월 2일 오후 8시 아들의 편지

바다 훈련

오늘은 IBS (Inflatable Boat Small 소형고무보트)와 KAAV (Korea Amphibious Assault Vehicles 수륙양용돌격차량) 훈련을 받았습니다. IBS는 고무보트인데, 배를 타지는 못했지만 바다에는 들어갔습니다. 또 PT (Physical Training 체력단련) 체조를 받았는데 굉장히 힘듭니다. 마지막으로 KAAV는 해병대 상륙정이었습니다. 멀미가 나지는 않았지만 상륙정 안에 빛도 안 들어옵니다. 상륙하다 3분의 1은 죽는 해병대의 훈련병으로서 조금이나마 해병의 마음을 배운 것 같습니다.

　오늘 가장 힘들었던 것은 행군이었습니다. 물집 잡히고 터지고, 군대라는 곳이 힘들긴 힘들구나 하는 생각이 들었습니다. 행군하면서 목마르고 배고프고 밖에서 먹었던 많은 음식이 떠올랐습니다. 동기들도 밖에서 먹었던 음식들에 대해 이야기하곤 합니다. 군대에서 건빵과 초코파이가 그렇게 맛있을 수가 없습니다.

5월 3일 화요일 밤 아들의 편지

늦은 편지

오늘에서야 편지를 받았습니다. 등기로 보내면 오히려 늦게 받는답니다.

5월 4일 저녁 아들의 편지

불침번 서며 읽으려…

편지를 읽다가 눈물이 나서 조금밖에 읽지 않았습니다. 불침번을 설 때 읽으려고 합니다. 보고 싶습니다. 사랑합니다.

5월 5일 아침 아들의 편지

눈물이 나서…

오늘 새벽에 불침번을 서면서 편지를 읽었습니다. 눈물이 나와서 한 번에 다 읽을 수가 없었습니다. 오늘은 1138기의 수료식입니다. 훈련소에 1138기 훈련병들의 가족들이 보이는데 저도 가족이 보고 싶은 마음이 듭니다. 이제 2주차도 거의 끝났습니다. 한 달 정도 남았는데 금방 가겠지요. 이번 주 일요일에는 편지를 보낼 수 있을 것 같습니다. 저번 주 일요일에 편지를 보내지 못해 아쉽기만

합니다. 빨리 보고 싶습니다.

입소한 날이 엊그제 같은데 벌써 3주가 다 돼갑니다. 앞으로 3, 4주도 금방 가겠지요. 군대에서 생각하는 거라고는 언제 자는지, 훈련은 언제 끝나는지, 언제 면회하는지밖에 없습니다.

며칠 전에 군종(軍宗) 목사님에게 강의를 들었는데 좋은 말씀을 많이 들었습니다. 군종 목사님이 한 말이 '이 또한 지나가리라'였습니다. 가슴에 와 닿는 이 말이 제게 자그마한 위안이 됩니다. 힘든 훈련을 받을 때 저도 '이 또한 지나가리라'고 생각합니다.

저번에도 편지에 썼듯이 필리핀에 혼자 있을 때는 가족이 그립거나 그러진 않았는데 군대에 오니까 며칠 되지 않아 가족이 너무 그리웠습니다. 왜 그런지 모르겠습니다.

정신적 고통을 종교활동으로 해결하려고 합니다. 가족이 없는 지금, 의지할 곳은 종교밖에 없는 것 같습니다. 물론 동기들도 도움이 많이 되긴 하지만 동기들 역시 가족들과 떨어져 힘든 처지이기 때문에 우리 모두 의지할 곳이 필요한 것 같습니다.

성당에 가는 것이 좋을 것 같지만 군종 목사님이 말씀을 잘 하셔서 의지가 될 듯합니다.[5] 그래서 이번 주 일요일이나 다음 주에는 교회에 가볼까 생각중입니다.

---

5 아들은 군종 목사의 설교가 가슴에 와 닿는다고 했지만 실제로는 훈련단에 있는 동안 성당에 더 열심히 다녔다. 우리 집에서는 아내가 성당에 다닌다. 나는 종교가 없으나 식구들이 종교를 갖는 것은 열심히 권하는 편이다. 아들에게도 '어머니 따라 성당에 좀 가보라'고 했지만 한 번도 가지 않았다. 그랬던 아들이 해병대 훈련소에서 성당에 열심히 다니다가 아예 세례까지 받았다니, 역시 인간은 고생을 해야 성숙하나보다.

아버지께서도 다음 편지를 보내주실 때 좋은 글귀, 제가 보고 힘이 될 수 있는 글귀를 보내주시면 좋을 것 같습니다.

5월 6일 점심 아들의 편지

문득 얼굴을 보니

세수를 하면서 거울을 봤습니다. 문득 얼굴이 갈색이 되어 있음을 알았습니다. 저도 군인이 되어가고 있다는 것이겠지요. 부모님께도 이런 제 모습을 보여드리고 싶습니다. 열심히 훈련생활 하겠습니다. 안녕히 계십시오.

5월 6일 오후 4시 45분 아들의 편지

군대 다이어트

아침은 드셨습니까? 저는 잘 먹고 있습니다. 다이어트하려고 먹는 밥(쌀)을 반으로 줄인 지 2주가 다 되어 가는데, 의외로 살이 빠지지 않습니다.[6]

---

6 요즘 군대에서는 체계적으로 다이어트를 시켜준다. 해병대의 경우 각 기수별로 총 8개 소대 중 1개 소대를 DP(DIET PROGRAM)소대로 편성해 다른 소대에 비해 식사량은 줄이고 운동은 더 많이 시키는 강도 높은 훈련을 실시한다. 키에 비해 체중이 많이 나가는 훈련병들이 DP소대로 편성되는데,

사진에 표정이 안 좋았던 이유는 그때 기분이 별로 좋지 않았기 때문입니다.[7] 사진 찍는데 형식적으로 빨리빨리 하느라 기분이 나지 않았습니다. 앞에 교관님이 있었기 때문에 웃지도 못했습니다.

5월 7일 토요일 아침 아들의 편지

 ## 포항의 하늘은 아름답습니다

벌써 주말입니다. 저는 매일 하늘을 바라보며 감상에 빠지곤 합니다. 포항은 하늘이 아름답습니다.

만약 해병대 홈페이지에 소포를 보낼 수 있다고 하면 대일밴드랑 마데카솔, 라이트펜 그리고 볼펜을 보내주셨으면 좋겠습니다. 발뒤꿈치가 까져서 밴드가 필요한데 수량이 부족합니다. 혹시나 해서 편지봉투 우표도 보내주시면 좋겠습니다.

날이 갈수록 시간이 빨리 갑니다. 면회일도 머지않아 찾아오겠지요. 동기들은 먹고 싶은 걸 목록에 적고 있습니다. 면회일에 사오라고 적는 모양입니다. 저도 목록을 만들어서 나중에 편지로 보

아들의 경우 아슬아슬하게 DP소대 들어가는 것은 면했다고 한다. 체중감량을 많이 한 훈련병은 훈련소 수료할 때 상도 받는다. 1140기에서는 113kg에서 90kg으로 감량한 훈련병이 최우수 다이어트 상을 받았다. DP소대원뿐 아니라 대부분의 훈련병들이 6주 훈련을 끝내면 체중이 쑥 빠진다. 우리 아들도 9kg이나 체중이 줄었다.

7 해병대에서 올려주는 훈련병 생활실별 단체사진에 기열이 표정이 별로 좋지 않아 보여 인터넷편지를 통해 무슨 일 있느냐고 물은 데 대한 설명이다.

내겠습니다.

생각보다 교관님들이 심하게 굴지 않습니다. 아무래도 최근에 국가인권위 같은 곳에서 해병대 가혹행위를 발표했던 영향이 있는 모양입니다.

저는 김포나 인천 쪽으로 실무배치 받았으면 좋겠습니다. 도서(백령도 연평도) 근무가 휴가를 많이 주긴 하지만 저는 면회를 자주 할 수 있으면 좋겠습니다.

같은 생활관의 어떤 동기는 배경이 있는 모양입니다. 어느 날 간부님이 따로 불러서 애기를 했다더군요. 그 동기의 큰아버지가 해병대 간부라고 합니다.

단체생활인데 무슨 도움이 되겠나 싶지만 보이지 않는 곳에 무언가라도 하나 더 해주겠지요. 아버지께서 청탁이나 로비 같은 것을 싫어하시는 걸 알지만 저는 그런 것을 보면서 가치관에 약간의 혼란을 느낍니다. 나도 저런 배경이 있으면 좋지 않을까 라고 말입니다. 하지만 한편으로는 다른 동기들과 생사고락을 같이하고 싶기도 합니다. '빽'으로 초코파이 하나라도 더 먹고 싶은 심정입니다.

보내주신 사진은 서랍에 넣어서 서랍을 열 때마다 보고 있습니다. 무엇보다 내일은 우표가 있어서 편지를 보내고 싶습니다. 어머니 아버지께서 보내주신 편지를 볼 때마다 눈물이 납니다. 내가 이정도로 이렇게나 감성적이었나 생각하곤 합니다.

아버지 걱정과는 다르게 대부분 동기들은 다 착합니다. 성격이 나빠서 누구를 괴롭히거나 하는 애들은 없습니다.

오늘은 수영장에 갔다 왔습니다. 훈련이었지만 꽤나 재밌었습니다.

그리고 만약 군대에서 부당한 일을 당하면 꼭 편지에 적겠습니다.

해병대에 와서 조금은 적극적으로 변한 것 같기도 합니다. 목소리도 더 커진 것 같습니다. 얼굴도 이름도 모르는 동기들과 말도 트고, 스스로 아주 미미하지만 변했다고 느낍니다.

군대에 와서 부모님, 특히 아버지가 많이 보고 싶습니다. 군대 오기 전까지, 특히 고교졸업 전까지 제가 아버지께 너무 무심했다고 할지, 사랑이 부족했던 것 같습니다. 하지만 군대 오기 전 아버지와 함께했던 일이나 군대 온 이후 편지들을 보면서 아버지의 저에 대한 사랑을 깨달았습니다. 아버지, 죄송하고 사랑합니다. 보고 싶습니다.

5월 7일 점심 아들의 편지

특별한 어버이날

안녕히 주무셨습니까? 오늘은 어버이날입니다. 어버이날이 이렇게 특별하게 느껴지기는 처음입니다. 어머니 아버지 감사합니다. 사랑합니다.

PS 해병대 홈페이지에 소포를 보내도 되냐고 문의 후에 된다고 하면 소포를 보내주십시오. 허락 없이 소포를 받으면 기합을 준다고 합니다. 꼭 홈페이지에 문의해 주세요.

5월 8일 아침 아들의 편지

부모를 위한 기도

오늘 성당에 가서 부모님을 위한 기도를 했습니다. 내일이면 벌써 3주차입니다. 훈련 3주차 시작이자 가족과 떨어진 지 3주되는 날입니다. 저번 주에 성당에서 찍은 사진을 동봉합니다. 오늘도 사진을 찍었으니 다음 편지도 기대해 주세요.

먹고 싶은 것 목록을 적고 있습니다. 쓰면 쓸수록 배가 고파집니다. 다음 주부터는 훈련이 더 힘들어진다고 합니다. 하지만 참고 견뎌 내겠습니다. 부당한 일을 당하면 꼭 편지하겠습니다.

편지를 이만 쓰겠습니다. 더 쓰고 싶은 마음은 가득하지만 어떻게 표현해야 할지 모르겠습니다. 어머니 아버지 사랑합니다. 건강하십시오.

PS1 사진 좀 보내주세요.
PS2 소포는 앞에 언급했듯이 해병대 홈피에 문의 후 보낼 수 있으면 보내주세요(라이트펜, 연고, 밴드, 우표, 편지봉투).
PS3 편지봉투 우표는 꼭 많이 보내주세요.

5월 8일 오전 10시 30분 아들의 편지

어린 아들에게서 이런 편지들을 받고 가슴이 아프지 않을 부모가 어디 있겠는가. 즉각 보내달라는 물품들을 사서 부쳤다(해병대 자유게시판에 올려서 확인했더니 괜찮다고 한다).

그러나 실제로 이 편지들을 받아본 것은 5월 18일이니, 집에서 아들의 상황을 파악한 것은 실제보다 열흘이나 늦은 셈이다. 그때까지 나와 아내는 아들이 대충 잘 있겠거니 생각하고 격려하는 편지만 잔뜩 보냈다. 다음은 그 편지들이다.

편지 좀 보내다오

사랑하는 우리 아들 기열.

잘 지내고 있니? 어제는 어버이날이라 판교 삼촌네 가서 점심 먹고 저녁은 작은엄마가 바비큐 파티해서 할아버지 할머니 고모들, 수여 수지 등과 있다가 왔어. 고기 좋아하는 아들 생각나네. 소열이는 어버이날인데도 돈 없다고 꽃도 안 사고 선물도 없고 아침 먹은 설거지만 한 번 했어. 우리 아들이 사준 케이크 생각난다. 제대하면 엄마한테 케이크 제일 맛있는 것으로 사다주렴.

아버지는 군대얘기만 하고 계셔서 소열이가 2년 동안 군대얘기 들어야 하는 거냐고 은근 걱정하고 있단다. 사이트에 올라온 사진에서 기열이 찾았는데 표정이 밝지 않아 심란하구나. 물론 좋을 것 하나 없겠지만 불합리한 것 힘든 것 모두 자신을 단련시키는 것이라고 긍정적으로 생각해 보고. 결국에는 모든 군인 각자가 어려운 일을 겪지만 대부분 별 탈 없이 제대하잖아! 엄마는 네가 그 대부분에 속하기를 간절히 바란다.

기열이를 생각하며 엄마가.

5월 9일 엄마의 편지

비오는 일요일

밖에 저녁비가 내리고 있단다. 바람도 세고. 내일 모레 전국에 비가 온다는데 건강 조심해라.

아들, 잘 지내고 있니? 오늘 1140기 동영상이 올라왔더라. 8소대 동기들은 정말 어린 티가 물씬 나더라. 어린 나이에 고생하는구나 싶어 안쓰러웠단다. 그래도 동기들하고 서로 믿고 의지하면서 잘 지낼 줄 믿는다.

기열아, 아빠는 군대 시절 '아무리 군대라고 하지만 꼭 이래야 하나' 하는 생각에 매사에 불만이 많았단다. 얻어터지기도 많이 했고, 꽤나 고생을 했단다. 그런 불만들이 결국 내 손해라는 걸 뒤늦게야 알았단다.

완벽하게 합리적이고 공정한 세상은 없단다. 다만 그렇게 되기 위해 노력할 뿐이지. 병균 없는 세상에서 사는 것이 불가능하듯, 불합리 불공정 이런 것과 어울리면서 살아가는 것이 인생이란다. 불합리 불공정도 나의 성숙을 도와주는 요소요, 그것과 어울리는 법을 배우는 것도 인생에 도움이 된다고 생각하면 모든 것을 긍정적으로 받아들일 수 있을 것이다. 기열아 힘내라. 사랑한다.

5월 9일 아빠의 편지

훈대일에

사랑하는 아들! 오늘 초파일 공휴일이구나. 종교행사 참가했니? 오늘 절에 가면 여러 가지 체험을 할 수 있을 텐데.

1141기가 어제 입소했다더구나. 후배 기수를 보니 3주 전 네가 입대하던 때 생각이 나지? 군인도 아니고 민간인도 아닌 어정쩡한 대기병들. 훈련은 받지 않지만 그때가 가장 힘든 때일 것이다. 너도 그랬을 테고. 시간이 많으니 집 생각나고, 미래는 불안하기만 하고, 새로운 환경은 낯설기만 하고.

여기 인터넷을 보니까, 1139기는 엊그제 실무부대 배치를 한 모양이더라. 부모들끼리는 연평도는 어떻고 1사단은 어떻고 하면서 설왕설래가 한창이더라. 부모들은 연평도 백령도를 걱정하는데 병사들은 연평도 백령도를 반긴다면서? 기열이도 그렇게 생각하니? 사실 어디 가든 그렇게 큰 차이가 있겠니? 도토리 키 재기지.

기열이도 부대배치 얼마 남지 않았는데, 일희일비하지 말고 대범하게 받아들이길. 기열아!! 이제 훈련도 반이 지나갔다. 굳건하게 견디어 다오. 사랑한다.

5월 10일 초파일 아빠의 편지

비가 많이 온다던데

오늘 11일, 서울은 아침에 비가 좀 뿌리다가 오후 들어 그쳤다만 남부지방은 비가 많이 온다고 하던데 빗속에 훈련받느라 고생이 많았겠구나.

오늘 엄마하고 우편편지를 써서 부쳤단다. 인터넷에 올라온 너희 생활실 동기들 사진도 두 장 출력해서 동봉했다. 엄마가 네게 편지 좀 하라고 했다던데 그 말에 신경 쓰지 마라. 소식 궁금하니까 한 말인데, 인터넷에 올라오는 네 사진과 동영상을 통해 네 모습 잘 보고 있으니까 굳이 편지 쓰려고 시간 낼 필요 없단다.

무슨 사정이 있었는지 4일째 인터넷편지 전달이 안 되고 있던데, 오늘은 한꺼번에 몰아서 전달되지 않을까 생각한다. 아빠가 쓴 인터넷편지 목록을 보니까 이 편지가 벌써 17번째 쓰는 것이더라. 네가 훈련단에 정식 입소한 날로부터 17일이 됐다는 얘기란다. 쌓이는 편지 목록만큼 우리 아들의 관록도 쌓였겠지? 입대 1주차 사진만 해도 아직은 앳된 모습이었지만 지금은 많이 달라졌으리라 생각한다. 기열아, 사랑한다. 힘내라.

5월 11일 아빠의 편지

언제 전달되는지

오늘 12일인데 인터넷편지가 여전히 전달되지 않았더구나. 게시판에 한상배 교육연대장님이 답변 올린 것을 보면 부대 PC가 문제 있어서 그렇다는데 밤샘 수리작업하고 있다니 곧 전달될 것으로 믿는다.

여러 날 동안 편지 못 받으니까 가족들 소식이 좀 궁금하고 기다려지지? 어떤 점에서는 그렇게 궁금증을 갖고 기다리는 것이 좋은 점도 있다고 생각한단다. 기다림 끝에 원하는 것이 손에 들어왔을 때 기쁨이 더 클 테니까 말이야.

기다림이 좋은 점은 또 하나 있지. 지나고 보면 시간이 잘 간다는 것이란다. 네가 오늘 편지를 받아보면 한꺼번에 6통인데 그건 6일이 순식간에 흘러갔다는 뜻이니 얼마나 기쁜 일이니?

이제 훈련소 생활 반환점을 돌았다. 극기주 훈련이 남았다지만 그렇게 힘들다고 소문난 과정이 오히려 받아내기 수월한 점도 있을 것이란다. 아빠도 겪어봤지만 군대의 훈련은 걱정했던 것보다는 수월하게 끝나는 경우가 많단다. 기열아, 힘내라, 사랑한다, 우리 아들.

5월 12일 아빠의 편지

독사진

어제 날아라 마린보이 블로그에 1140기 2주차 훈련장면 사진이 올라왔더구나. 수륙양용차 타기 전 모습이다. 고맙게도 그중에 우리 아들을 클로즈업한 사진이 하나 있더라. PT (Physical Training) 체조하는 장면이던데 참으로 반가웠단다. 우리 아들 모습이 돋보이더라. 그새 얼굴이 좀 그을린 것 같기도 하고. 오늘은 금요일, 3주차가 벌써 다 지나갔구나. 선비는 3일을 못 보면 눈을 비비고 다시 봐야 한다는 말이 있지만 우리 아들이야말로 그렇구나. 이제 군복도 그런대로 어울리는 것 같고.

기열아, 훈련받느라 정신없어서 철이 바뀌는 것도 잘 못 느끼겠지만 가끔은 초목의 변화에도 눈을 돌리면서 자연을 감상하는 것도 나쁘지 않을 것 같다. 목동 아파트에는 지난주 라일락 향기가 가득하더니 어느새 사라졌고 모든 나뭇잎의 색이 한층 짙어지고 있구나. 나도 모르는 새에 순식간에 이렇게 변했단다. 하루가 다르게 봄이 무르익어 가는 것처럼 우리 아들도 무르익고 있을 것으로 믿는다.

기열아, 사랑한다. 힘내라.

5월 13일 아빠의 편지

토요일, 다시 돌아온 주말

벌써 4번째 토요일이구나. 입대한 지 한 달이 다 됐다는 얘기란다. 훈련단 안으로 뛰어 들어가는 너의 뒷모습을 찾으려 기웃거리다 못 찾고 돌아서던 게 엊그제 같은데. 기열이도 그때 생각하면 감개가 무량하겠지.

어제 해병대 출신 친구하고 맥주 한잔했단다. 그 친구 해병대 얘기 나오니까 옛날 회고담에 시간가는 줄 모르더라. 50이 된 지금도 옛날 동기며 부대원들을 정기적으로 만난다고 하더라. 평소에는 몰랐는데, 말문이 터지니까 해병대 자부심이 대단하더구나.

우리 아들도 그런 해병대의 일원이 됐다. 자부심 느끼는, 진취적 해병으로 성장했으면 좋겠다. 아빠는 기열이가 해병대 생활을 통해 적극적이고 진취적인 자세를 체득하길 바랐단다. 그래서 해병대 입대를 권유한 것이고. 기열이도 이 점은 이따금씩 되새겨주면 좋겠구나.

편지가 계속 전달되지 않는다는데, 언제나 전달될지 모르겠구나. 아들아 힘내라!! 사랑한다.

5월 14일 아빠의 편지

편지 드디어 전달

어젯밤에 드디어 밀린 인터넷편지들이 전달됐다고 나오더라. 다행이다. 오늘 일요일인데 종교활동 갔다 왔니? 이참에 무엇이든 종교를 갖는 것도 좋은 일이라고 생각한다. 한 번 진지하게 생각해 보거라.

다음 주에는 유격훈련이 있다고 하더구나. 힘든 훈련인 모양인데 우리 아들은 무사히 견뎌낼 것으로 믿는다. 인터넷에 훈련병들의 고생담이 많이 나오던데 보급품 분실 채워 넣기, 열악한 화장실 사용 등 아빠 군생활 때와 같은 일이 지금도 반복되는 듯하더라. 포항훈련단은 어떤지 모르겠지만 우리 아들도 그런 불편함에 신경 쓰면서 힘들어 하고 있지는 않은지 걱정이 된다.

기열아! 설혹 그런 불합리가 있더라도 웃으면서 받아들이길 바란다. 그런 것을 자연스럽게 받아들여가는 과정이 바로 군대생활이란다. 사실은 그게 군대생활의 전부이기도 하단다. 이제 점점 날이 더워 가는데, 기열이 땀 많은 체질이라서 고생하겠구나. 하루하루 건강하게 견뎌다오.

아들아, 사랑한다. 힘내라.

5월 15일 아빠의 편지

86

소열이 수학여행

오늘 월요일, 소열이가 제주도로 2박3일 수학여행 떠났다. 집안이 휑하구나. 아빠는 가끔 기열이와 소열이 둘 다 독립해서 집을 떠나면 그 허전함을 어떻게 메울까 걱정한단다. 너희들이 빨리 독립된 성인으로 성장하기를 바라면서도 품안의 아이로 남아주길 바라는 이중성, 그것이 부모 마음인 듯하구나.

이제 훈련소 수료까지 19일밖에 남지 않았다. 수료식에 먹고 싶은 거, 필요한 거 있으면 알려주렴. 지난 1138기 수료식 갔다 온 부모들 얘기를 보니까 '음식 많이 해가지 마라', '신병들이 마구 먹다가 토하고 배탈 나고 난리더라' 이러던데. 먹고 싶은 거 우선순위를 정해서 준비하는 게 좋을 것 같다. 훈련단에서 올려준 우리 아들 독사진, 부처님 오신 날 동자승(童子僧)처럼 보인다고 사람들이 그러더라. 그만큼 앳돼 보인다는 얘기지. 나는 그걸 기열이가 무한한 성장가능성을 가졌다는 말로 받아들인다. 많이 경험하고 배워서 더욱 튼실한 연륜을 쌓아가자꾸나.

기열아 힘내라. 사랑한다.

5월 16일 아빠의 편지

힘든 훈련

어제 또 1142기 신병이 들어왔더구나. 네 시간은 느린데 주변의 시간은 빨리 가지? 그게 군대란다.

인터넷에 올라온 훈련스케줄을 보니까, 이번 주부터는 행군에 야외숙영에 각개전투에…, 힘든 훈련이 몰려 있더구나. 우리 아들, 평소에 운동하지 않고 지내서 고생하지 않을까 걱정되는구나. 그래도 그동안 4주 훈련소에서 기초체력을 다졌을 테니 잘할 수 있을 것으로 믿는다. 군대 훈련은 중간이하 체력으로도 감당할 수 있게 설계돼 있단다. 기열아, 힘들더라도 극복하기 바란다.

힘들면 포기하고 누군가에게 화풀이하고 그럴 수 있던 시절은 이제 다시 오지 않는단다. 힘들어도 혼자 견뎌낼 수밖에 없고 또 그렇게 견딤으로써 성취감을 맛보는 성인으로서의 인생살이가 이제 시작된 것이란다. 우리 아들에게는 처음 맞는 고통스런 순간일 것이다. 그러나 언젠가는 겪어야 할 과정. 이를 악물고 버티고 성취감을 맛보거라. 그런 경험이 너의 인생 자체를 바꿔줄 것이다.

아들아 힘내라. 사랑한다.

5월 17일 아빠의 편지

나는 인터넷편지와 별개로, 우편편지도 종종 보냈다. 이전에는 손으로 써서 보내다가 이때부터 컴퓨터에 쓴 뒤 출력해서 보냈기 때문에 그 기록이 남아 있다. 나만 해도 자필로 쓰는 것보다 컴퓨터로 쓰는 것이 훨씬 편하다. 중간에 수정도 마음대로 할 수 있고….

우리 집은 가족 모두가 비교적 조용한 성격이다. 활달한 편이 아니다. 아들이 군대생활을 통해 그런 성격을 바꿨으면 하는 것이 나의 솔직한 바람이다. 실제로 군대에 잘 적응하면 성격이 많이 바뀌기도 한다고 하지 않는가. 다음은 아들의 성격개조를 위해 내가 무엇을 조언해 줄 수 있을까 생각하다가 쓴 편지다.

인생은 흉내 내기

사랑하는 아들 기열아! 잘 지내지? 오늘은 네게 연기(演技)와 흉내 내기에 대해 얘기를 해주고 싶구나.

지금 너의 모습은 어떠니? 입대하기 전하고는 상당히 달라졌겠지? 외모만 그런 게 아니라 행동거지 하나하나 해병으로 변화돼 가고 있는 중이겠지? 큰 소리로 '필승' 경례도 해야 하고, 동작도 재빠르게 해야 하고….

그동안의 배움과 훈련에 의한 결과가 그렇단다. 그 배움과 훈련은 다른 말로 하면 흉내 내기요 연기라고 할 수 있다. 흉내 내고 연기하는 것이 못마땅할 때도 있을 것이다. 그러나 그렇게 하지 않으면 얼차려와 벌칙이 기다리고 있으니 하지 않을 수 없는 처지이지. 그러다 보면 네가 지금 하는 것이 흉내요 연기라고 의식하지 않은 채 그냥 시키는 대로 따라하고 적응하기도 하겠지. 그것이 지금 우리 아들의 상황일 것이다.

인생은 태어나서 죽을 때까지 흉내와 연기의 연속이란다. 너는 입대하기 전 스스로의 모습—그리 적극적이지 않고 조용한 모습—을 가장 자연스럽다고 생각할 것이다. 그러기 때문에 지금 해병으로 억지로 변화하고 있는 과정이 퍽이나 힘들 것이다. 그러나 사실 따지고 보면 군대 가기 전의 우리 아들의 모습도 하나하나 흉내와 연기를 통해 체득된 것이란다. 너의 언어 습관, 사용하는 단어 하나하나가 모두 조금씩 흉내 내고 그걸 되풀이 연습하고 연기처럼 표출한 결과, 그 과정이 오래되다 보니 너의 본모습처럼 된 것이란다. 학교에서 처음 배운 단어를 일상적으로 쓰기까지는 어색함도 있었을 것이지만, 일상화되면 하나도 어색하지 않은 것처럼 말이다.

앞으로도 흉내 내고 연기해야 할 일이 수없이 많을 것이다. 이것 하나는 마음에 새기기 바란다. 흉내 내고 연기하는 것은 인간의 가장 자연스러운 모습이란다. 흉내 내고 연극하지 않으면 인간으로 살아갈 수 없단다. 숟가락질조차도 아기 때 수만 번을 흉내 내고 연습했기에 비로소 자기 것으로 체득한 것이란다. 그러니까, 흉내 내고 연기하는 것은 인간의 생존을 위해 반드시 해야 하는 것이란다.

아빠는 그걸 늦게 깨달았다. 아빠도 결코 적극적인 성격은 아니란다. 남 흉내 내는 것을 어색하게 생각했고, 흉내나 연기 같은 것은 쓸데없는 것이라며 무시하곤 했단다. 그러다 깨달았단다. '인생은 끊임없이 흉내를 내야 하는 과정이구나' 하는 것을 말이다. 새로운 역할에 맞게 새로운 행동거지를 해야 하고, 생존하기 위해 다양한 연출(演出)을 해야 한다는 사실을 말이다. 그렇지 않으면 생존 자체가 불가능하다는 사실─그런 것을 빨리 깨달았으면 인생에 도움이 됐을 텐데.

너도 이미 본격적인 흉내 내기의 과정에 들어섰단다. 그것은 성인이 되기 위해, 계속해서 성장하기 위해 반드시 거쳐야 할 과정이란다. 군대는 흉내 내기를 강요하기도 하지만 흉내 내기를 자연스럽게 만들어주기도 한단다. 군대뿐 아니다. 앞으로도 인생을 살면서 계속 흉내를 내고 연기를 해야 한단다. 회사에 들어가면 회사에 맞는 행동거지를 해야 하고, 대학에 가면 대학에 맞는 행동거지를 해야 하겠지.

아들아. 흉내 내기를 주저하지 마라. 흉내 내기는 인류의 본성이란다. 아니, 모든 영장류의 본성이란다. 원숭이도 흉내 내기를 통해 사회를 이룬다고 하더라. 기왕 흉내를 내려면 적극적이고 긍정적인 사고를 갖고 열심히 흉내를 내거라. 필승이라는 구호도 누구보다 크게 외치거라. 주저하지 마라. 주저하고 눈치 보면 오히려 부자연스럽게 보인단다. 아들아. 힘내라. 사랑한다.

5월 18일 수요일 아빠의 편지

'빽으로 초코파이 하나
얻어먹었으면'

그놈의 '빽'이 무엇인지…. 세상은 공정사회(公正社會)에 대한 담론이 한창이지만 나는 공정사회론의 원조가 아마도 군 훈련병들 간의, '빽'을 둘러싼 쑥덕공론이 아닌가 생각한다.

30여 년 전 내가 군대에 있을 때 노골적인 '빽'의 힘을 목격했다. 서민의 자식들이 눈을 생생하게 뜨고 지켜보는 가운데 보란 듯이 자식을 빼내 하루 동안 훈련 열외를 시키는 '빽'의 힘을 보면서 무기력과 함께 분노를 느꼈던 기억.

아들의 편지를 보면서 새삼 30여 년 전의 육군 논산훈련소에서 겪었던 장면이 떠올랐다. 요즘도 그렇게 빽이 작용할까?

나는 아니라고 본다. 사실 30여 년 전에도 어린 훈련병들이 목격한 것과는 달리 빽이 크게 작용하지 않았을 수 있다. 옛날에 병역면탈이 얼마나 많았는가? 그 시절, 군대에 온 것 자체가 빽과는 거리가 있다는 얘기일 수 있다. 더구나 요즘은 병역문제가 얼마나

엄격해졌는가. 30여 년 전 빽이 하루 훈련열외였다면 요즘의 빽은
작용한다고 해도 '잘하라'는 격려와 관심표시 정도일 것이다.

"그까짓 것, '빽' 쓰라고 하지 뭐…. 그런데 나중에 보면 차라리 빽
이 없는 게 낫다."

군대를 다녀온 사람들 모두가 공감하는 바일 것이다. 물론 제대한
뒤의 얘기지만, 아무 배경도 없고 학벌도 없어 가장 고생한다는 부
대에 배치받아 3년 동안 빡빡 기다가 온 사람들이 느끼는 자부심
은 무엇과도 바꿀 수 없는 귀중한 자산이다. 혹시라도 빽을 동원했
던 사람들은 그런 이들의 무용담(武勇談) 앞에서 주눅 들기 마련
이다.
　그러나 그건 먼 훗날의 일. 하루하루 힘들어 죽겠고, 실무부대
배치가 어떻게 되는지 불안감에 떠는 훈련병들은 조그마한 연줄,
조그마한 관심표시에도 민감하게 반응하기 마련이다.
　해병대는 지원병이니까 분위기가 다를 것이라고 생각하면 오산
이다. 해병대 지원자 대다수는 막상 훈련단에 들어오면 좀더 편하
게 훈련받고, 좀더 편한 보직, 편한 부대에 배치받기를 원하기는
다른 군이나 마찬가지라고 한다.
　물론 6주의 압축적인 훈련을 거치고 나면 생각과 자세가 판이
하게 달라지기는 하지만 그건 고생이 끝난 뒤에 하는 얘기다. 우리
아들도 6월 2일 훈련단 수료식 때 면회하면서 "그래 간부 면담했

던 동기들이 무슨 큰 '빽'이 있더냐"고 물었더니, 멋쩍어 하면서 "그냥 열심히 하라고 격려해준 것밖에 없는 것 같더라고요"라며 웃었다. 지나고 보니까 아무것도 아니라는 얘기다. 우리 아들이 특별히 '빽'에 민감했던 건지는 모르겠지만 짐작건대, 다른 훈련병도 대동소이하리라.

"아니, 자기는 군·사회 지인을 쓰지 못한 것을 그렇게 안타까워 하면서 남들의 조그만 연줄은 그렇게 크게 보인단 말이냐?"

아들도 이런 지적이 나올 수 있다는 점을 의식하고 있었다. 오죽하면 자신도 '속세에 찌들었는지 모르겠다'며 가치관의 혼란을 호소할까. 그러면서도 "부당한 일이 있으면 편지하겠다"며 끝까지 정의를 내세운다.

군대생활은 사회의 눈으로 보면 불합리한 것이 많을 수밖에 없다. 순리로 이해하기 힘든 일을 수도 없이 겪는다. 그런 것들이 한꺼번에 밀려오니 당황하고 혼란스러운 듯했다. 나는 내 경험을 토대로 5월 23일 조언(助言)의 편지를 써서 우편으로 부쳤다.

내가 굳이 아들에게 '빽'에 관해 편지를 쓴 데는 이유가 있다. 나 스스로 '불공정'(不公正)에 대해 굉장히 민감한 성격이기 때문이다. 불공정한 것, 순리에 어긋나는 것은 아주 사소한 것이라도 눈에 들어온다. 남들은 다 이해하고 지나는데 나는 그러지 못한다. 꼭 한마디를 해야 직성이 풀린다. 매사에 불평불만이 많다. 싫은

소리 하는데 좋아할 사람 하나도 없다. 그것이 세상 인간관계에서는 적지 않은 마이너스다. 실제로 나는 그 못 참는 성격 때문에 손해를 꽤 본다. 그래서 나는 범사에 대범해지자고 항상 마음을 다잡고 있다. 나는 아들의 편지를 보면서 기열이의 성격이 나와 비슷하다는 생각이 들었다.

"애비를 닮아서는 안 되는데…."

옛날 군대에서야 '빽'

사랑하는 아들아. 오늘 5월 23일은 1140기 극기주(克己週) 야외훈련이 시작되는 날이다. 기상정보를 보니 오늘 남부지방에는 비가 온다고 하더구나. 비 맞으며 야외훈련 하느라 고생이 많았겠다. 네가 이 편지를 받아볼 때는 극기주 훈련이 끝난 날일 터. 사랑하는 우리 아들, 천자봉 행군은 무사히 다녀왔길 바란다.

아들아. 어제 네 편지를 다시 한 번 읽었단다. 엄마도 기열이 편지를 보고 또 보고 하더라만 네 편지에는 많은 사연들이 들어 있더구나. 우리 아들이 '군대 가기 전에 아빠에게 무심했다'고 썼던데, 돌이켜 보면 정작 무심했던 것은 이 아빠가 아니었나 싶다. 아빠야말로 요즘 기열이와 소열이, 우리 아들들에게 무심하게 대했구나 반성하고 있단다.

네가 군대 가서 비로소 가족의 소중함, 가족에 대한 사랑을 알았다고 하던데 그것은 아빠도 마찬가지란다. 아빠도 네가 군대 간 이후 비로소 우리 아들이 그 누구보다 소중한 존재라는 것을 온 마음으로 새삼 깨닫고 있단다. 군대라는 곳이, 군대에 간 당사자에게도 인생의 깨달음을 주지만 군대에 아들을 보낸 부모에게도 깨달음을 주는 곳이더구나. 그동안 몰랐던 부자(父子) 간의 정을 알게 해주고, 그동안 인식하지 못했던 모자(母子) 간의 사랑을 확인시켜주는 것이 바로 군대라는 생각이 든다.

아들아. 지금 너도 하루하루 많은 것을 배우고 있겠지만 엄마 아빠도 부모로서 많은 것을 배워가고 있단다. 생각해 보면 이 얼마나 귀중한 시간인가!

기열아. 조그만 배경이라도 있어 초코파이 하나라도 얻어먹었으면 좋겠다는 말, 훈련병의 그 심정을 아빠가 왜 모르겠니. 지금은 많이 달라졌겠지만 아빠가 논산훈련소 있을 때, 지금으로부터 30여 년 전에는 이른바 '빽'이라는 것이 노골적으로 작용하기도 했단다.

어느 날 훈련을 나가기 위해 연병장에 집합하고 있는데 갑자기 군용지프차(당시 군용지프차 탄 사람은 훈련병이 쳐다볼 수도 없을 정도로 높은 사람이었다) 한 대가 오더니 훈련병 한 명을 태워나가더구나. 그 훈련병은 하루 종일 훈련열외. 점호시간이 돼서 돌아왔다. 아마도 누군가 '빽'을 써서 하루 동안 외출시켜 맛있는 거 사주고 했겠지. 아빠 친구들 얘기 들어 보면, 장성(將星) 고모부 덕분에 훈련소 때 아예 2박3일 휴가를 다녀왔다는 사람도 있더라.

그런 배경 좋은 훈련병 동기들을 보면 '세상이 왜 이렇게 불공정한 거야'라고 불만을 터뜨리다가도, '나도 저런 빽이 있으면 좋을 텐데'라는 생각을 하곤 하지. 당연히 가치관(價値觀)에 혼란이 오겠지. 아빠도 그랬으니까.

아빠는 그때 군대에서 동원할 '연줄'이라고는 눈을 씻고 찾아도 찾을 수 없던 처지였단다. 할아버지가 농사만 짓던 분이니 무슨 연줄이 있었겠니? 나에겐 아무 연줄도 없다는 사실에 절망감을 느낄 정도였단다. "남들은 보이건 보이지 않건 다들 '빽'을 쓰는 것 같던데… 그래서 다들 좋은 부대, 좋은 보직 받는 것 같던데…"라는 의구(疑懼)와 불안이 엄습하곤 했었지. 지금 우리 아들을 군에 보내놓고 돌이켜 생각하니 새삼 떠오른 기억이란다.

솔직히 고백하자면 당시 아빠도 '나는 누가 뭐래도 당당하고 공정한 길을 가겠다'는 생각보다는 '빽이 있으면 좋을 텐데'라는 생각이 강했다. 주변의 모든 훈련병들이 '빽'을 동원하고 있는 것 같은 의심을 하기도 했단다. 공정한 세상을 요구하면서도 자신만은 예외적 특혜를 받기 원하는 이중성—아빠도 결코 예외는 아니었단다. 우리 아들이 혼란을 느끼는 것도 당연한 일이다.

지금도 세상이 완전하게 공정하다고는 말하지 못하겠다. 군대도 마찬가지일 것이다. 그러나 주변을 한번 돌아보면 불공정 특권층은 1%도 안 된다는 사실을 금방 알 수 있다. 우리 아들 동기 훈련병들도 마찬가지일 것이다. 세상을 공정하게 사는 사람들이

99%란다. 그렇다고 이들 99%가 모두 '자신만의 예외적 특혜'를 거부하는 고결한 심성의 소유자라는 얘기는 아니다. 그들 대부분도 상황이 허용되면 특혜를 받고 싶어할 것이다. 다만 힘이 없고 배경이 없을 뿐….

아들아. 가치관에 혼란을 느낄 것은 없다. 1%를 부러워하고, 1%의 행위에 대해 불만을 갖는 것은 너뿐만 아니라 누구나 그렇단다.

그러나 진짜 1%가 되는 것은 별개의 문제란다. 그렇게 되면 자신이 불공정의 당사자가 되는 것이니 이는 결코 떳떳한 일이 아니지. 차라리 99%에 속하는 것이 마음 편하지 않을까, 아빠는 이렇게 생각한단다. 아빠의 경우 사실은 특혜를 받고 싶었는데 연줄이 없어서 못 받은 경우이기는 하지만, 그래도 불공정한 행위를 하지 않고 군생활을 했다는 것이(고생은 조금 더 하긴 했지만) 나중에는 당당한 자부심(自負心)으로 남더라. 그리고 알고 봤더니 99% 대부분이 아빠처럼 평범하게 군생활을 했더구나.

연줄을 동원해 좋은 보직을 받았다고 한들 그게 얼마나 편안하겠니. 어느 부대든 다 내무생활이 있는데 그것이 고되긴 마찬가지란다. 그러니 결국 군생활은 도토리 키 재기지. 그렇다면 그냥 당당한 길을 가는 게 남는 것 아닌가, 아빠는 이렇게 생각한단다.

아들아. 당당한 자신감을 가져라. 그래도 너의 뒤에는 아빠가 있지 않니? 아빠가 달리 힘도 없고 배경도 없지만 최소한 네가 불이익을 당하는 일은 없도록 할 것이다. 이건 믿어도 좋다. 믿음이 힘이 될 것이다.

남자들은 아빠 나이가 돼도 이따금 군대 애기를 한단다. 남자들의 군대 애기에서 주된 화제가 무엇인 줄 아니? 서로 '내가 가장 많이 고생했다'고 주장하는 것이란다. 군대 고생담이 줄줄 나오지. 고생을 영웅시하는 분위기, 그게 남자들의 세계란다. 그 점에서 너는 벌써 제1단계는 성공했단다. 당당한 해병이 됐다는 것 자체가 1단계의 성공이란다. 나중에 제대해서 누구에게도 밀리지 않을 고생담의 제1편을 완성한 셈이니 말이다.

고생을 자랑하는 남자들의 세계-그건 단순히 술자리에서의 일시적인 치기(稚氣) 발산에 그치고 마는 것이 아니란다. 그 숱한 고생을 온몸으로 겪으면서 살아왔다는 자신감이 이후 삶에 큰 영향을 미친단다. 공부, 직장생활, 비즈니스, 모든 면에서 나를 분발시키는 강력한 무기가 된단다. 그렇다고 너에게 고생을 자처하라고 권하는 것은 아니다. 다만 기왕에 시작한 군생활, 어디에 가든지 언제든지 태도부터 씩씩하고 강인하게 버텨내는 버릇을 들이라는 말은 하고 싶다.

해병다운 해병의 흉내를 가장 확실히 내는 것, 해병으로서의 배역을 가장 열심히 연기해 내는 것이 미래 자신감의 원천이 될 것이다. 해병 흉내, 해병 연기를 잘 하려면 때로는 '개념 없는 하찮은 짓'이나 '치기어린 사내다움 과시' 같은 것도 해야 할 것이다. 아니, 그걸 흉내 내고 연기하는 것이 가장 훌륭하게 해병 배역을 소화하는 길일지도 모른다. 앞으로 네가 군생활하는 동안 '개념 없는 하찮은 짓'을 수도 없이 목격할 것이다. 그걸 흉내 잘 내고, 잘 연기하는 것이 해병다운 해병이 되는 지름길이 될 수 있다는 점을 꼭 염두에 두기 바란다.

아들아. 지난 번 편지에 '부당한 일'에 너무 예민하게 반응하지 말라고 썼다만, 그것이 부당한 일에 눈감으라는 뜻은 아니란다. 무엇이 부당하고 무엇이 정당한 것인지 따져보는 냉철함을 잃으면 곤란하겠지. 부당한 일을 겪으면 일단 먼저 네가 스스로 소화시켜 보고 숙고(熟考)해 보고, 그리고 아빠에게 얘기하거라. 생각해 보니, 편지를 쓰는 것 자체가 부당함에서 오는 분노와 불만을 해소하는 좋은 수단이 될 것 같구나. 네가 무슨 말을 쓰든 아빠가 사리에 맞게 처리할 수 있을 것이다.

기열아. 지난번 편지에 너 자신이 그토록 감상적인지 군대 오기 전에는 몰랐다고 썼던데…. 아들아! 감상적인 것은 굉장히 좋은 것이란다. 감상적이라는 것은 감정이 풍부해진다는 말이 아니겠니? 사실 우리 가족은 감정표현을 잘 못하지. 아빠가 대표적인 케이스 아니니. 감성보다는 이성으로 모든 것을 재단하려 하고, 마음으로 이해하기보다는 사리를 따지기 좋아하고. 아빠가 그런 성격이란다. 네 편지를 보면서 확실하게 알게 된 것이지만 너도 기본적으로는 아빠와 성격이 같더구나.

그런데 이는 좋은 게 아니란다. 희로애락(喜怒哀樂)의 감정이 풍부한 사람이 세상을 보다 풍부하게 살 수 있단다. 요즘은 지능지수 IQ(intelligence quotient)보다 감성지수 EQ(emotional quotient)가

더 중요하다는 말도 하지 않니. 감성이 메말라 남들은 느끼는 희로애락을 느끼지 못하고 무덤덤하다면, 그 또한 얼마나 불행한 일이겠니.

너는 아픈 사람을 보면 함께 아파하고 슬픈 사람을 보면 마음으로 함께 슬퍼할 줄 아는 사람, 남의 감정을 자신의 감정으로 옮겨 들일 줄[감정이입(感情移入)] 아는 사람, 남과 공감(共感: sympathy)할 수 있는 사람이 되길 바란다. 다시 한 번 말하지만, 요즘 우리 아들이 감상적이 됐다는 것은 좋은 일이란다. 그 감성을 실컷 느끼거라. 사실은 너를 군대 보내 놓고 아빠도 감상적이 된 느낌이었단다. 부자가 함께 가는 모양이다.

기열아. 어저께 일요일에는 아파트 주차장에 아카시아 향기가 물씬 풍기더라. 그리고 보니 용왕산 아카시아 나무들이 온통 하얀 꽃을 피웠더구나. 서울은 그저께(토요일)까지 며칠간 비가 오락가락하고 날씨가 궂다가 어제야 갰는데, 그 하루 새에 아카시아가 일제히 만개한 것 같다. 포항은 남쪽이니 아카시아꽃이 좀더 일찍 피었겠지?

자연이 그렇게 변화해 가는 것을 좀 느꼈나 모르겠다. 훈련에 여념이 없겠지만 아주 가끔씩은 자연의 변화를 감상하는 여유도 부리기 바란다.

힘든 훈련은 이제 끝났고, 포항에서의 훈련병 생활도 며칠 남지 않았다. 아직 나이 어린 너에겐 정말 힘들고 지긋지긋하고 두 번 다시 겪고 싶지 않은 과정이었을 것이다. 그러나 우리 아들아. 아빠는 포항훈련단이 앞으로 네 인생에서 추억의 고향이 될 것이라고 생각한다. 새로운 윤기열의 출발점이 되리라고 생각한다. 훈련단에서 여러 일이 있었을 것이다. 좋은 것만 기억하면 영원한 추억의 고향으로 만들 수 있을 것이다.

사랑하는 아들 기열아. 이제 수료식이 며칠 남지 않았다. 재회의 날이 며칠 남지 않았다. 면회날을 손꼽아 기다린 것이 언제부터인지…. 다행히 면회가 6월 3일에서 6월 2일로 하루 앞당겨졌더라. 보고 싶구나.

누구보다 엄마가 면회를 학수고대 하고 있다. 작은외삼촌도 함께 가게 될 것 같다. 페로도 데리고 가고 싶다만 애완동물 면회 금지란다. 참, 고슴도치는 며칠 전에 죽었다. 밥을 못 먹기에 엄마가 병원에 데리고 갔더니 구강암인지, 무슨 암이었다고 하더라. 소열이가 마음이 아프다고 앞으로는 애완동물 기르지 않겠다고 하더라. 다행히 페로는 건강하게 잘 지낸다.

아들아! 6월 2일 목요일에 보도록 하자. 얼마나 달라졌을까. 얼마나 늠름해졌을까.

5월 23일 월요일 아빠의 편지

아들의 다음 편지다발이 도착한 것은 5월 27일이다. 그전까지 아들의 상황에 대해 아무것도 모르는 상태에서 아들을 다독이고 격려하는 내용으로 인터넷편지도 계속 썼다. 앞서 5월 18일 도착한 아들의 편지 중 위로가 될 수 있는 좋은 구절을 보내줬으면 좋겠다는 내용이 있었는데 그것은 아내가 담당하기로 했다.

가톨릭 신자인 아내는 5월 18일 기열이 편지를 받자마자 곧바로 〈누군가 널 위해 기도하네〉라는 성가구절을 인터넷편지로 보냈다.

마음이 지쳐서 기도할 수 없고
눈물이 빗물처럼 흘러내릴 때
주님은 우리 연약함을 아시고
사랑으로 인도하시네
누군가 널 위하여 누군가 기도하네
네가 홀로 외로워서 마음이 무너질 때
누군가 널 위해 기도하네

아내는 그밖에도 기열이에게 다음과 같은 '구절'을 보내줬다. 틈나는 대로 공부하라는 의미를 담아, 출전까지 세세하게 밝혔다. 기열이가 그런 데까지 신경 쓰면서 읽었을지는 모르지만 말이다.

누구나 놀라운 잠재력을 갖고 있다. 그러므로 자신의 능력과
젊음을 믿어라. 그리고 끊임없이 '모두가 하기 나름이야'라고
되뇌어라.

앙드레 지드(André Gide)[1]

지금 많이 힘들다면
그것은 당신의 목적지가 가까이 왔다는 말입니다.
지금 너무 괴롭다면
그것은 새로운 성숙의 삶이 시작되고있다는 의미입니다.
지금 흐른 눈물이 뜨겁다면
이제는 슬픔이 아물고 있다는 신호입니다.

〈좋은 생각〉

세상에서는 '이심전심'(以心傳心)이라는 불친절하고 심술궂은
말이 버젓이 통한다. 하지만 우리 삶의 현실은 말을 입에서 내
뱉어야 서로의 마음을 알 수 있다. 서로 입을 다물고 있으면 마
음이 통하지 않는다. 말하지 않아도 서로의 마음을 알 수 있다
면 그것 또한 문제 아닌가? 인생에서 가장 중요한 것은 마음을

---

1 1869년 파리에서 태어남. 20세기 초반 프랑스 문단을 대표하는 작가. 시와 희곡을 집필하기도 했으
나 중요한 작품은 대부분 소설임. 1947년 노벨문학상을 받음. 그는 일체의 억압으로부터 인간을 해
방하고 개인적 자유를 회복시키려 노력함. 대표작 《좁은 문》.

어떻게 먹느냐가 아니라 말을 어떻게 하는가다. 말은 표정과
태도, 마음까지 바꾼다.

작은 행복이 진짜 행복
이 세상에는 두 유형의 사람이 있다.
하나는
큰 행복을 누리면서도,
그 속의 작은 불행만 보고
언제나 불평하면서
불행하게 사는 사람이다.
또 하나는
큰 불행을 맛보고 있으면서도,
그 속의 작은 행복을 보고
언제나 행복하게 사는 사람이다.

참고 견디는 공부

아들아! 18일 오후, 방금 전 너의 시리즈편지 받았다. 하루하루 달라지는 너의 모습이 느껴지는구나. 아들이 어떤 일을 겪고 있을까 생각하면 아빠도 눈에 물이 어린다.

오늘 네 편지가 올 줄 모르고 오전에 우체국편지를 보냈단다. 네 편지를 받고 엄마가 다시 우체국에 가서 편지지와 편지봉투 볼펜 등을 추가로 보냈다. 도움이 됐으면 좋겠구나.

동기들과도 잘 지내고 적극적인 자세도 생겼다니 마음이 놓인다. 6월 3일엔 씩씩하게 달라진 모습으로 나타나겠지. 기열아. 아빠가 전에도 썼지만 세상은 완전무결하지 않단다. 특히 군대는 더 그렇단다. 부당한 것을 참고 견디는 것도 인생공부란다. 인생은 애초 부당하고 불합리한 것과 더불어 살도록 돼 있기도 하단다. 세균 없는 세상이 없듯이 말이다. 세균도 살다보면 인간에게 도움이 된단다.

기열아. 아빠가 큰 틀에서 후원해줄 것이다. 거기서 일어나는 작은 일에 일희일비 하지 마라. 지나고 보면 다 별것 아니란다. 아들아. 잘 견뎌다오. 사랑한다.

5월 18일 아빠의 편지

궂은 날씨

아들아. 잘 지내지? 오늘 19일, 서울은 간간히 비가 뿌리면서 바람이 몹시 세게 부는구나. 남쪽 지방은 벌써 초여름 날씨라는데 우리 아들이 땀 많은 체질이라 잘 견딜까 걱정이 되는구나. 힘든 훈련 잘 견디고 있는지 궁금하구나. 너는 체력이 강하지 못해 남들보다 더 힘들고 고될 것이다. 꼴찌를 해도 좋고 낙오를 해도 좋다. 다만 기어서라도 목표점을 향해 끝까지 간다는 의지만 확실하면 그것으로 훌륭한 군인이라고 생각한다. 힘내라. 기열아.

어제 너의 시리즈편지를 받고 보니 훈련소에는 그럭저럭 적응이 돼 가는 것 같다만 아직도 실무부대 등 미래를 생각하면 불안해하는 듯하구나. 그런 거 걱정할 필요 없단다. 닥치면 다 잘할 수 있단다. 우리 아들의 지금 적응속도로 봐서는 혼자서도 충분히 잘 헤쳐 나갈 수 있을 것이다. 자신감을 가져라.

아들아. 오늘 다시 편지를 보냈다. 사진도 보내고 문방구류도 더 보냈다. 초코파이라도 하나 보내고 싶다만 세월을 기다릴 수밖에 없으니 안타깝구나. 기열아 사랑한다.

5월 19일 아빠의 편지

108

부대배치?

잘 지내고 있지? 오늘 5월 20일 실무부대 배치 추첨했을 텐데, 너는 어찌 됐는지 궁금하구나. 부대 병과배치는 배경과 무관하게 객관적으로 한다고 한다. 그러니 결과에 대해 좋아할 것도 실망할 것도 없단다. 주어진 나의 갈 길, 묵묵히 가다보면 좋은 날 있겠지.

다음 주는 '극기(克己)주'라는데, 각오만 단단히 하면 5일이야 못 버티겠니. 너는 이미 지금까지 훈련에서도 살아났는데 말이다.

오늘 엄마가 소포를 또 부쳤다. 교훈단에 확인해보니까 간단한 소포는 된다고 하더라. 집앞 문방구에 라이트펜을 주문했는데, 그게 어제 저녁에야 도착하는 바람에 오늘에야 부치게 됐다. 다음 주 야외훈련 가기 전에 받아봤으면 좋겠는데 어떨지 모르겠다. 오늘 1139기 수료식 면회 날이다. 우리도 직접 만날 날이 이제 얼마 안 남았다. 기열아 마지막까지 고난을 견디고 성취감을 맛보길 바란다. 엄마 아빠가 온 마음으로 응원하고 있다.

5월 20일 아빠의 편지

고된 훈련 무사히 끝냈는지

아들아. 고된 훈련 무사히 받아내고 있니? '저질 체력'이라서 혹시 낙오했던 건 아닌지 걱정된다. 뭐, 낙오했으면 어떠리. 어떻든 견뎌내고 훈련 마쳤으니까 이 편지를 받아볼 텐데, 아빠는 그것으로 훌륭하다고 생각한다. 천자봉 행군도 '악으로 깡으로' 버텨주기 바란다.

기열아. 어제 오늘 너희 동기들끼리는 부대배치 갖고 온갖 말들이 많겠구나. 눈에 선하다. 아빠는 논산 훈련소 수료 후 군용야간열차 타고 이동하면서도 어디로 가는지 몰랐단다. 불안감에 잠도 못자고 아침에 내리니 찬바람 쌩쌩 부는 강원도 춘천 땅—기댈 언덕 하나 없는 살벌한 외로움. 상황은 좀 다르지만 너희들도 미지의 미래에 대한 불안은 마찬가지겠지.

그러나 걱정하지 마라. 아들아. 어디를 가든, 가장 힘들 때는 누군가 도움의 손을 내주는 사람이 반드시 나타난단다. 아빠도 그랬고, 너도 그럴 것이다. 아빠가 큰 틀에서 응원하고 있단다. 힘내라. 사랑한다.

5월 21일 아빠의 편지

인내와 끈기

오늘 저녁 이 편지가 전달되기를 기대하면서 쓴다. 내일, 월요일부터 야외훈련이지? 행군에 도움될 것 좀 보낼까 했더니 1140기는 목요일에야 우편물 수령이 가능하다는구나. 아쉽다. 지난 주 야외훈련으로 발이 물집투성이일 텐데….

　아들아. 죽도록 힘들 것이다. 열외 생각이 굴뚝같을 것이다. 그러나 견디어다오. 천자봉은 너의 한계를 시험하는 사실상 첫 기회다. 역경과 고난을 견뎌냈을 때의 기쁨을 너도 맛봤으면 좋겠다. 인내할 줄 아는 사내라는 것을 보여다오. 가다가 몸이 굳어 쓰러질지언정 먼저 포기하지 마라. 진정 최선을 다했다면 낙오해도 좋다.

　아들아, 아빠가 2001년 살빼기 초기 때 북한강변 40km를 하루만에 걸었던 거 기억하니? 저녁이 되니 평지에서 한 걸음 떼는 것도 천근이더라. 발은 온통 물집이고 결국 발톱이 빠졌다. 힘들었기에 아빠는 지금도 그 순간을 자랑스럽게 간직한단다. 너도 당연히 할 수 있다. 'YES. YOU CAN.' 아들아. 최후까지 힘내라. 사랑한다.

5월 22일 아빠의 편지

부대배치 확인했다

'윤기열 11-72004ＸＸＸ 병기병 2사단'

　기열아! 오늘 23일 월요일, 드디어 인터넷에 부대배치결과가 떴더구나. 2사단 내에서도 여러 부대가 있겠지만 어쨌든 김포 부근에 소재하는 부대일 것이니 잘됐다. 무엇보다 집이 가까우니 좋구나.

　인터넷을 찾아보니 병기병은 대부분 대전에 있는 육군종합군수학교에서 후반기교육을 받는다고 한다. 육군 병기병은 정비대가 있어 거기 배속되지만 해병대는 병기병도 일반대대에 배속되는 경우가 많단다. 그러니 실제로는 병기병이라고 해도 특별할 게 없는 듯하다. 기본적으로 해병대는 주특기 보직과 관계없이 어디나 같다는구나. 어디 가든 무엇을 하든 열심히 하면 되겠지.

　아들아. 극기주 훈련 잘 견뎌내고 있니? 이제 며칠 안 남았다. 힘내라.

5월 23일 아빠의 편지

아버후언

잘 견디고 있니? 인터넷을 보니 1140기 부모들은 벌써 수료식 면회 얘기가 한창이다. 아들 부대배치가 최대화제다. 천자봉 행군이라는 고비를 남겨놓고 있는데 부모들은 벌써 훈련이 끝난 듯 떠드니, 너희들에겐 한가롭게 들릴지 모르겠다.

아들아. 힘들지? 배고프지? 극기(克己)라는 것이 자기를 극복하고 이겨낸다는 뜻이니 얼마나 힘들겠니. 엄마 아빠가 응원하고 있다. 힘내라. 지난 번에 너에게 최선을 다하라고 썼다만, 무리하지는 마라. 아빠 말 신경 쓰느라 무리하지 않을까, 그게 또 걱정이다.

아들아. 오늘 5월 24일, 지금 쓰는 이 인터넷편지가 30번째더라. 네가 입소한 다음 주 월요일부터 썼으니 군에 간 지 37일 됐다. 37일은 결코 짧은 여정이 아니다. 집에 있을 때의 너라면 결코 견딜 수 없었을, 길고도 험한 길이다. 우리 아들은 이미 그걸 견뎌냈다.

한 번 성공한 사람은 두 번 세 번 성공한다고 한다. 앞으로도 잘 견딜 수 있을 것이다. 기열아 힘내라. 사랑한다.

5월 24일 아빠의 편지

드디어 내일

아들아! 배고프고 졸리고 힘든 극기주 훈련, 잘 견디고 있니? 잘 견디어다오.

오늘 수요일이다. 내일이 천자봉 등정이구나. 등정을 마치면 빨간 명찰을 준다는 상징성 때문에 많은 사람들이 천자봉에 의미를 부여하더구나. 아빠도 네가 무사히 천자봉 등정을 마쳤으면 좋겠다. 그러나 설혹 낙오하더라도 기죽지 마라. 지금까지 훈련을 받아냈다는 것만으로도 너는 충분히 자격이 있다고 생각한다.

아들아. 이제 훈련수료가 정말 며칠 남지 않았다. 정신적 여유가 없겠지만 거기서 고락을 같이한 동기들에게 베풀면서 마무리했으면 좋겠다. 물질은 가진 게 없지만 마음은 베풀 수 있을 것이다. 그냥 작은 거 신경 써주고 챙겨주면서 마음으로 배려하면 된다. 나도 대접받지 않고 남도 대접하지 않는 것보다는 그냥 이유 없이 남을 대접해주면 그게 결국 자기만족이 되더구나. 동기들이 너를 기억하지 않아도 좋다. 그냥 베풀고 배려함으로써 자기만족을 얻기 바란다. 사랑하는 아들 기열아. 사랑한다. 훌륭하다!

5월 25일 아빠의 편지

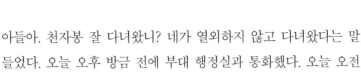

장하다 아들아

아들아. 천자봉 잘 다녀왔니? 네가 열외하지 않고 다녀왔다는 말 들었다. 오늘 오후 방금 전에 부대 행정실과 통화했다. 오늘 오전 마린 블로그에 1140기 유격훈련사진이 올라왔는데 8소대 단체사진 중 네가 보이지 않더구나.

걱정이 돼서 해병대 홈페이지 게시판에 문의했더니 너희 부대 행정실 상사분이 전화를 했더구나. 월요일 유격 때 네가 허리가 안 좋아서 입실하는 바람에 훈련에 참가하지 못해 사진도 못 찍었다고 하더라. 화요일부터는 정상적으로 훈련을 받았다니 다행이다. 통화한 김에 우리 아들이 천자봉은 다녀왔냐고 물었더니 열외자 명단에 없으니 다녀왔을 것이라고 하더라. 장하다. 아들아. 열외하지 않고 다녀왔다는 사실 자체가 장하다. 고생했다.

그런데 허리 아픈 것은 어떠니? 갑자기 허리 아프다고 하니 그것도 걱정이다. 무엇보다 건강해야 한다. 허리는 자세를 바르게 하는 것이 최고라더라. 기대앉거나 비스듬한 자세는 금물이라니 신경 쓰거라. 기열아. 사랑한다.

5월 26일 아빠의 편지

이 기간 '훈련병 윤기열'에겐 두 가지 '사건'이 있었다. 하나는 훈련 4주차 금요일인 5월 20일에 부대배치가 결정된 것이다. 요즘은 부대배치를 훈련병들이 모두 지켜보는 가운데 컴퓨터 추첨방식으로 실행하고, 그 결과를 곧바로 부모에게 휴대폰 문자메시지로 통보해주고 홈페이지에도 올린다. 해병대는 입대지원 때부터 희망병과 3개를 쓰도록 하는데 우리 아들은 지원 당시 병기(정비)병 및 일반병 등을 썼던 것으로 기억한다.

다른 하나는 아들이 허리통증으로 하루 입실하는 바람에 훈련에 제대로 참가하지 못했다는 것이다. 나중에 알게 된 일이지만 아들은 훈련 3주차부터 허리통증이 시작돼 유격훈련 첫날 열외를 했다고 한다. 다음날부터 소대장이 차를 태워줘 훈련에는 참가했지만 쉬엄쉬엄할 수밖에 없었던 모양이다. 물론 집에선 이 사실을 까마득히 모르고 있었다.

그러다가 5월 26일 해병대 홈페이지에 새로 올라 온 소대별 생활실별 단체사진에 아들이 빠진 것을 발견했다. 아내가 걱정되는 마음에 자유게시판에 아들의 모습이 보이지 않는다, 어떻게 된 일인지 궁금하다고 문의글을 올렸고, 얼마 뒤 8소대 행정관이란 분이 전화 연락을 해왔다(요즘에는 어느 군이든지 훈련병 단체사진에 아들의 모습이 없다는 문의가 제기되면 즉각 확인해서 이유를 알려준다).

그러나 이 사실을 확인한 5월 26일 시점은, 5주차 천자봉 행군까지 대부분의 훈련이 끝난 뒤였다. 다행히 우리 아들이 허리통증이 호전돼서 천자봉에는 다녀왔다는 간단한 말은 들었지만 도대체 얼마나 아팠던 것이고, 천자봉은 낙오하지 않고 무사히 다녀온 것인지 등의 자세한 사항은 여전히 미지수였다. 훈련단 간부와 전화통화하면서 시시콜콜 묻기는 쉬운 게 아니었다. 5월 27일, 아들의 편지가 도착하면서 일부 의문이 풀렸다.

입실과 열외列外

5월 27일, 아들에게서 세 번째 편지다발이 왔다. 훈련 열외를 하게 된 상황과, 열외하면서 느낀 복잡한 심경이 잘 드러나 있다.

철모끈이 웬수

어젯밤에 어떤 교관님이 몇몇 동기들을 호출했습니다. '군생활에 잘 적응이 안 되는 인원'이라는 이유였습니다. 그중에 같은 생활반 인원도 있었는데, 나중에 물어보니까 군 지인 때문이었습니다. 가입소 때 적은 군 지인을 바탕으로 불러서 '필요한 것 있냐'라고 물었다고 합니다. 해병대라고 다른 곳이 아니었습니다.

　지난주 화요일에 철모끈을 잃어 버려서 오늘까지 네 번이나 보고했는데 아직 지급해주지 않습니다. 그리고 철모끈 없다고 선임 교관님에게 꾸중을 들었습니다. 군대도 사람들이 모인 곳이라서

119

그런지 빽이 다 통하는 모양입니다.[1]

　오늘은 사격을 했습니다. 나름대로 잘 쐈으나 일단은 불합격 받았습니다. 다음 사격훈련에는 꼭 합격해야겠습니다. 훈련을 마치고 행군을 하고 생활관으로 돌아왔는데 어떤 교관님이 8, 9소대만 남겨서 추가 교육을 시켰습니다.[2] 그 때문에 30분이 지나서야 물을 마실 수 있었습니다.

2011년 5월 9일 밤 아들의 편지

 ## 후배 기수가 들어왔습니다

힘든 훈련도 3주밖에 남지 않았습니다. 어제 1141기가 들어왔습니다. 제가 입대하던 날이 떠오릅니다. 제가 너무 퉁명스럽게 군 것 같아 죄송합니다.[3] 입대한 날이 어제 같은데….

5월 10일 아침 아들의 편지

---

1 '빽'에 대해 여전히 민감하다. 요컨대, 자기는 철모끈 하나도 잘 챙겨 주지 않으면서 '군 지인'이 있는 동기는 특별히 불러서 격려를 해주다니…, 이건 불공평하다는 주장인 것이다. "하이고 꼬치꼬치 따지기는…." 그러나 이 시점은 훈련 3주차로, 집에서 보낸 '조언 편지'를 받아보지 못한 상태. 4주차 본격적인 고생에 들어가면 빽이고 뭐고 따질 틈이 없다.

2 8소대는 막내소대고, 9소대는 다이어트 프로그램 소대다. 이 두 소대가 훈련에서 가장 뒤처졌던 것인지….

3 입대하는 날, 기념으로 남기기 위해 사진을 찍자고 했더니 "이미 많이 찍었는데 뭘 자꾸 찍어요"라며 퉁명스럽게 대답한 것이 마음에 걸렸던 모양이다.

내리는 비만큼 울적한 마음

오늘 포항엔 비가 많이 왔습니다. 내리는 비만큼 제 마음도 울적했습니다. 오늘따라 유난히 부모님이 더 보고 싶습니다. 보낸 편지는 잘 도착했는지 궁금합니다. 사실 어제 저녁 우표를 받았습니다. 우표를 보내주시면 부족한 동기들에게 주겠습니다.

가끔씩 해병대에 입대한 것이 잘한 것인가 의문이 들곤 합니다. '육군에 갔으면 더 편하진 않았을까' 하고 말입니다.[4] 그래도 후회 감이 들진 않습니다. 이제 절반 왔습니다. 시작이 반이라고 했으니 거의 다 온 셈입니다.

힘들 때 생각합니다. '이 또한 지나가리라', '인내하자', '남들 다 하는데 나라고 못할쏘냐' 같은 생활반에 좋은 녀석들이 많아서 힘든 것이 반감되는 느낌입니다.

인터넷편지나 편지를 받을 때 힘이 납니다. 읽을 때마다 큰 힘이 됩니다. 비록 눈물이 나긴 하지만 일주일에 두 번 정도밖에 받지 못하는 것이 안타까울 뿐입니다. 빨리 만나고 싶습니다. 지금 편지 글씨가 좋지 않은 이유는 서랍에 놓고 쓰기 때문입니다. 교관

---

4 입대 4주쯤 되면 훈련병 생활에 조금 익숙해지면서 동시에 여러 가지 잡념이 들 때다. 단절된 바깥 세상은 어떻게 돌아가고 있는지 궁금해진다. 아들이 해병대에 온 것에 대한 회의도 든다고 했지만, 이런 회의는 거의 모든 해병대 신병들이 한두 번씩 하는 것이라고 한다. 동기들끼리도 걸핏하면 하는 말이 "지금까지 훈련받은 기간만 인정해주면 바로 육군으로 간다"는 것이라고 한다. 고된 훈련에서 벗어나고 싶다는 표현을 그런 식으로 하는 것이다. "뭐 육군은 쉬운 줄 알고?" 육군도 요즘은 5주 기본훈련에 3주 심화훈련이 추가돼서 신병 교육기간이 8주로 늘고, 행군도 30㎞에서 40㎞로 늘리는 등 훈련이 강화됐다고 한다.

님이 지나가면 빨리 서랍을 닫아 숨깁니다.

하루 빨리 답장을 받기를 기대합니다. 바깥세상 소식이 궁금합니다. 어머니 아버지와 영상통화라도 할 수 있으면 얼마나 좋을까요. 편지와 답장을 받지 못해 쓸 말이 얼마 없네요. 힘든 점과 불만들을 적고 싶지만 투정만 하는 것 같아 적을 수가 없습니다. 교관님들 대부분은 때리지 않지만 몇 대 체벌이 아주 없지는 않습니다. 물론 저는 맞은 적이 없지만 보기는 했습니다.[5]

욕설은 많이 듣습니다. 하지만 욕설 정도는 군대라는 곳의 특성상 어쩔 수 없다고 생각합니다. 제가 부당한 일을 당하면 꼭 편지하겠습니다. 그 점에 대해서는 걱정하지 않아도 됩니다. 2주 넘게 혼자 쓸 말만 썼더니 할 말이 많지 않습니다.

인터넷을 할 수 있으면 얼마나 좋을까 생각해봅니다. 이만 쓰고 보내주신 편지나 읽어야겠습니다. 안녕히 계세요. 아버지가 써주신 편지들을 읽으면서 많이 울었습니다. 쓰고 있는 지금도 눈물이 나려 합니다. 어머니께서도 편지를 주셨지만 아버지가 더 많이 써주신 게 의외라면 의외입니다.

5월 10일 오후 아들의 편지

---

5 해병대 신병교육에서는 "구타가 없다"고 한다. 2011년 4월에 새로 부임한 차동길 교육훈련단장은 구타금지에 대해 특별한 철학을 갖고 있다. 그러나 군대 특성상 한두 대 쥐어박는 것은 필요할지도 모르겠다. 어디나 개념 없는 병사는 있게 마련이고, 이들에겐 간단한 체벌이 특효약일 수 있다.

꿈에서 깬 현실

안녕히 주무셨습니까? 동기가 말하길 어제 편지를 발송했다더군요. 목, 금요일쯤에는 도착하겠지요. 저는 아침에 일어날 때마다 허탈한 기분이 듭니다. 매일 꿈을 꾸는데 잠에서 깨면 현실이 그다지 좋지만은 않기 때문입니다. 하루빨리 답장을 받고 싶습니다. 사격훈련 받으러 가야 하기 때문에 이만 쓰겠습니다. 저녁에 쓸 수 있으면 또 쓰겠습니다.

5월 11일 아침 아들의 편지

 ## 지나고 나니 별거 아닙니다

오늘은 어제보다 심하게 비가 왔습니다. 5월이지만 굉장히 추웠습니다. 훈련을 받느라 굉장히 힘들었으나 이것도 지나고 나니 별거 아닙니다. 또 추억이 될 수도 있겠지요. 내일 모레도 사격훈련을 나갑니다. 잘해서 합격하겠습니다.

5월 11일 저녁 아들의 편지

참을 수 있습니다

어제 야간 사격 후 돌아오니 11시였습니다. 그런데 당직 간부님이 재워주지 않아서 2시쯤에야 잤습니다.[6] 피곤하고 아프고 힘듭니다. 하지만 저만 그런 게 아니기에 참을 수 있습니다. 또 사격훈련을 가야 합니다. 나중에 또 쓰겠습니다.

5월 13일 아침 아들의 편지

 # 의무실에 다녀왔습니다

수요일 저녁부터 허리(골반)가 아프더니 오늘도 조금 더 아파 의무실에서 X-ray를 찍었습니다. 뼈에는 이상이 없다더군요. 훈련을 빼먹었다고 걱정하지 마십시오. 오늘 주간사격 3차훈련이었는데 저는 1차에 합격해서 괜찮습니다. 18발을 맞추면 특등사수가 될 수 있는 기회가 생기는데 저는 아쉽게도 17발입니다.

뛰는데 허리가 아픕니다. 걸을 수는 있습니다. 짧은 거리는 뛸 수 있지만 행군이나 훈련이 걱정됩니다. 빽을 동원해서 편의를 봐줄 수 있으면 좋겠다고 생각해봅니다.

가입소 때 군·사회 지인을 적지 못한 것이 후회됩니다.[7] 제가

---

6 해병대 훈련단은 이따금 훈련병들에게 잠을 재우지 않는 훈련을 시킨다고 한다.

7 얼마나 아프고 힘들었으면 빽이 있었으면 좋겠다는 생각까지 했을까…. 군대에서 아프면 정말 서럽

너무 속세에 찌든 것일까요? 아무튼 여러 생각이 듭니다. 시간이 갈수록 빨리 갑니다. 자고 일어나면 어느새 면회날이 와 있겠지요. 훈련을 다 받아야 후회가 없을 것 같은데 그러지 못할 수도 있을 것 같아 걱정됩니다.

5월 13일 밤 아들의 편지

동기들과 추억을 잃을까

소대장님께서 편의를 봐주신 것 같습니다. 행군 때 차 타고 가라고 하십니다. 힘들지 않은 건 다행이지만 한편으로는 동기들과의 추억을 얻을 기회가 없어지는 것이 아닌가 걱정됩니다.

그러나 어떻게든 천자봉 행군은 할 생각입니다. 월요일부터 금요일 오후까지 아무도 편지와 인터넷 편지를 받지 못했습니다. 사격훈련 때문에 충동적인 자살이나 타살을 막기 위해 편지를 주지 않은 것 같습니다.[8]

요즘은 시간이 빨리 간다며 동기들 기분이 조금은 좋아진 것 같습니다. 제가 아프니까 밥도 대신 받아준다는 동기가 있습니다. 정

다. 그 서러운 심정은 당해 보지 않으면 모른다.

8 요즘 군대는 훈련병들을 절대 무리하게 내몰지 않는다. 몸이 아프다고 보고하면 행군 같은 무리한 훈련은 열외시켜준다고 한다. 이즈음 해병대 인터넷 편지쓰기가 10일 이상 되지 않았다. 인터넷 고장 때문이었다는 것인데, 나중에 수료식 면회 때 들어 보니 훈련병 대부분이 사격훈련 때 자살을 막기 위해 일부러 인터넷편지를 차단한 것으로 알고 있었다. 훈련병들 사이의 쑥덕공론이 무서울 정도다.

말 고마운 녀석입니다. 이것이 동기애인가 싶습니다. 수료식이 끝나고 동기들과 헤어진다고 생각하면 벌써부터 씁쓸해집니다.

안경집에 가서 제 도수로 뿔테안경 하나 맞춰서 보내주시면 좋겠습니다. 지금 안경다리가 약간 불안합니다. 바깥세상이 어떤지 궁금합니다.

5월 14일 아침 아들의 편지

 우연도 이런 우연이

제가 아프다고 썼다고 걱정하시지 않아도 됩니다. 좀 아프긴 하지만 극기주는 열외하지 않을 것입니다. 훈련의 꽃인 천자봉 행군만큼은 꼭 동기들과 함께하고 싶습니다.

인터넷편지가 일주일째 오지 않았습니다. 빨리 받고 싶은데 왜 주지 않는지 모르겠습니다. 벌써 5월 14일입니다. 보름 정도밖에 남지 않았습니다. 다음주 금요일에 실무부대 배치 결과가 나오는데, 좋게 나왔으면 좋겠습니다.

내일 오후 2시에 유격훈련장으로 행군을 떠난다고 합니다. 그래서 오늘 편지를 보낼 것 같습니다. 사진을 보내고 싶지만 종교활동이 내일이기 때문에 사진은 보내지 못할 것 같습니다.

답장 없이 편지를 쓴 지 3주째입니다. 이제 그날 있었던 일 빼고는 쓸 말도 생각나지 않습니다. 생각해 보면 해병대도 TV나 인터넷에서 본 것보다 힘들진 않습니다. 아직 훈련소라 그런 것일까요? 아무래도 최근에 해병대가 구타 및 가혹행위 문제로 많이 논란이 됐기 때문이겠지요.

육군은 얼마나 편할까요. 동기들이 말하길 육군훈련소는 PX도 갈 수 있고, 훈련도 4시면 끝, 주말은 확실히 쉰다고 합니다. 그런 것들이 부럽긴 하지만 저도 해병대에서만 배울 수 있는 무엇인가를 배우겠지요. 듣기론 바깥에 신종폐렴이 유행이라던데 건강 조심하십시오.

제가 말했던가요? 8소대에 양정고 동창이 있습니다. 3학년 5반이었다는데 아는 사이는 아니었습니다만 착한 놈입니다. 이름은 정재웅이라고 하는데, 이런 우연도 있습니다.

5월 14일 점심 아들의 편지

허리 통증

어제 결국 허리가 아파서 일부 훈련에 참가하지 못했습니다. 그동안 남아서 작업을 하는데, 실무 생활관(실무부대 내무반)에 들어갈 일이 있었습니다. 실무 선임병들 사이의 험악한 분위기를 실감했습니다. 구타 같은 것이 실재하는 것인지도 모르겠습니다.[9]

9 훈련단에도 훈련병만 있는 것이 아니라 실무병(기간병)도 있다. 어쩌다 실무병 생활관을 들어갔더니 분위기가 험악했다는 얘기인데 구타라도 있었던 것인지…

허리가 아파 유격훈련까지 열외하게 될까 걱정입니다. 동기들에게 미안하고 부모님께도 면목이 없습니다. 극기주 훈련에는 허리가 정상으로 돌아왔으면 좋겠습니다. 편지를 받지도 보내지도 못하고 있습니다. 오늘따라 유난히 부모님이 그립습니다. 하루 빨리 뵙고 싶습니다.[10]

5월 16일 아침 아들의 편지

열외도 할 것이 못됩니다

오늘 훈련은 열외 됐습니다. 열외도 할 것이 못 되는 것 같습니다. 부모님께 면목이 없습니다. 앞으로는 훈련을 열외하지 않아야겠습니다. 아파도 참는 것이 좋을 것 같습니다. 하지만 천자봉 행군만큼은 꼭 할 것입니다. 훈련을 빠졌다고 나무라지 말아주십시오. 이제 참을 것입니다. 빨리 나아야 천자봉 행군을 할 수 있을 텐데, 운동을 하면 악화되는 듯해서 걱정입니다.

내일 훈련을 꼭 받도록 하겠습니다. 아프다고 열외하는 저 자신이 한심스럽기도 하고 후회도 됩니다. 누구 하나 조언해 주는 사람 없이 저 혼자 헤쳐 나가려니 힘든 것 같습니다.

5월 16일 오전 11시 아들의 편지

10 그래. 정신적으로 얼마나 힘들었으면⋯. 부모에게 어리광 부리지 누구에게 부리겠니. 괜찮다. 괜찮아.

128

진통제를 먹고 훈련하겠습니다

생각해 보니 저보다 힘든 동기들도 있을 텐데 저만 너무 엄살을 피운 것 같습니다. 이제부턴 행군이든 뭐든 그냥 하려고 합니다. 진통제라도 먹고 하겠습니다. 한 번 열외하니까 자꾸 나약해져가는 자신을 느낍니다. 이럴 때일수록 자신을 더욱 채찍질해야겠지요. 다시는 열외하지 말자고 내 자신을 다그쳐봅니다. 제 생각에 편지는 수류탄 훈련이 끝나고 받을 것 같습니다. 빨리 소식을 듣고 싶은데 말입니다.

이상하게도 군대에 와서 아버지가 너무 그립습니다. 아버지 목소리 한 번만 들어도 큰 힘이 될 것 같습니다. 군대에 와서도 편지로 어리광만 부려서 죄송스럽습니다.

5월 16일 점심 아들의 편지

동기의 힘

멋진 동기가 있어 정말 다행입니다. 좋은 녀석들이 제게 힘이 됩니다.

5월 17일 새벽 6시경 아들의 편지

체력이 문제[11]

체력이 너무 없어서 걱정입니다. 훈련은 빠지지 않았지만 산악행군 구간은 빠졌습니다. 허리도 걱정입니다. 아무튼 극기주는 강행할 생각입니다. 어제 무리하게 행군을 강행하다가 제 친한 동기가 실신해서 입원했다고 합니다. 심히 걱정됩니다.

　아직까지도 인터넷편지는 받지 못하고 있습니다. 바깥소식이 궁금합니다. 여기 온 지 5주째인데 바깥은 많이 변했겠지요?

PS 저번에 부탁했던 안경은 필요 없을 거 같습니다.

5월 19일 아침 아들의 편지

죄송합니다

아버지 실망시켜 드려 죄송합니다. 훈련을 열외했습니다. 하지만 극기주는 열외 없이 하겠습니다. 죄송합니다.

5월 21일 아침 아들의 편지

11 그러기에 입대하기 전에 체력단련 좀 하랬더니….

130

2011년 5월 해병대 교육훈련단에서 유격훈련을 받는 도중 잠시 휴식시간에 동기들과 함께 포즈를 취한 윤기열 훈련병(오른쪽 앞. 2862번).

이제 열외는 않겠습니다

어제 아버지의 인터넷편지를 받았습니다. 아프다는 이유로 열외했다지만 실은 두려웠던 것이겠지요. 아버지를 실망시켜 드려서 죄송합니다. 하지만 열외한 것 후회하진 않습니다. 만약 무리하게 강행했으면 저는 지금 병원에 있을지도 모르지요. 유격장에서 산악 행군을 해봤는데 제가 제일 뒤처져서 체력적으로도 너무 힘들었습니다.[12]

솔직히 자신이 없었다는 게 사실이겠지요. 제 동기 한 명은 무리하게 행군하다가 쓰러져 아직도 병원에 입실중입니다. 몸 관리 잘해서 아프지 않게 극기주 천자봉까지 열외 없이 할 수 있도록 하겠습니다. 인터넷 편지는 5월 17~30일치밖에 받지 못했습니다. 그 이전 것들은 주지 않을 것 같습니다. 편지봉투는 부족한 동기들을 주었습니다. 다시 한 번 실망시켜 드려서 죄송합니다.

PS 앞으로 소포는 필요 없을 듯합니다.

5월 21일 오후 2시 아들의 편지

---

12 나는 우편편지나 인터넷편지에 "체력이 달려서 낙오하는 것은 괜찮다. 그러나 열외는 하지 마라"는 내용을 몇 번 썼다. 아들이 그 편지를 뒤늦게 받아보고 '죄송하다'고 하는 듯하다. 그러나 아들아. 죄송할 것이 뭐가 있겠니? 네 말대로 무리하다가는 허리가 완전히 잘못될 수도 있다. 무엇보다 몸 건강이 최고다. 특히 허리는 자칫하면 고질병이 되기 십상이다. 열외하길 잘했다. 전혀 죄송할 것 없다.

동기가 무엇인지

동기들은 다 좋습니다. 하지만 개념 없는 친구들도 있습니다. 그러나 어쩌겠습니까. 제가 참아야지요. 그러나 대부분은 괜찮은 녀석들입니다.[13] 베스트프렌드라고 할 친구들도 있습니다.

5월 21일 오후 아들의 편지

2사단 실무배치

수료식이 6월 3일에서 2일로 하루 앞당겨졌다는 것 같습니다.[14] 저는 2사단으로 발령 났습니다.

5월 22일 오전 아들의 편지

13 '개념 없는' 친구와 갈등이 있었던 건지…. 하긴 훈련단에 온갖 친구들이 다 모였을 텐데, 거긴들 왜 갈등이 없겠니. 하지만 잘했다. 참는 자에게 복이 있단다.

14 1139기까지는 금요일에 수료식과 함께 면회를 실시했으나 기열이 기수인 1140기부터는 그것이 목요일로 바뀌면서 6월 2일로 변경됐다.

급하게 씁니다

이제 잘 지내고 있습니다. 허리는 진통제를 먹으면 아프지 않습니다. 천자봉까지 열외 없이 최선을 다하겠습니다. 빨리 뵙고 싶습니다. 사랑합니다.

5월 23일 오후 아들의 편지

아들은 이 편지다발에 '먹고 싶은 것 목록'도 보냈다. 6월 2일 면회 올 때 준비해오라는 음식. 기열이가 2차편지에 썼듯이, 훈련병들은 '먹는 것'을 생각하는 게 큰 즐거움이다. 훈련병들은 특히 단것을 엄청 탐한다. 기열이가 쓴 목록도 피자와 치킨을 빼면 한결같이 초코파이 같은 단 과자와 단 음료들이다.

　6월 2일 수료식 면회 때 교육훈련단 간부와 잠시 대화를 나눠볼 기회가 있었다. 그분은 '단것'이 단지 입을 즐겁게 하는 것을 넘어 체력적으로도 큰 힘이 되기도 한다면서 재미있는 일화를 들려줬다.

"최근 신병기수 중에는 1139기가 천자봉 행군에서 가장 많은 낙오자가 나왔다. 특별히 많았다. 그런데 그게 초코파이 때문이라면 믿겠는가? 원래 천자봉 행군 때는 군종 장교들이 산 입구에서 등정을 시작하는 훈련병에게 초코파이를 하나씩 나눠주는 게 전통이다. 그 초코파이는 기독교 천주교 불교에서 매 기수마다 돌아가면서 제공해 준다.

그런데 1139기 때는 초코파이가 예정보다 늦게 도착하는 바람에 산에 올라갈 때 주지 못하고 내려올 때에야 줄 수 있었다고 한다. 천자봉까지의 행군으로 이미 체력이 고갈된 훈련병들에게 초코파이의 당분이 큰 에너지가 되는 건데 그걸 제때 공급해 주지 못해서 낙오자가 많이 생긴 듯하다."

참고로 면회 올 때 준비해 오라는 아들이 보내온 '먹고 싶은 것 목록'은 다음과 같다.

나폴레옹(집 근처 제과점) : 뉴욕치즈케이크, 구아망, 샌드위치, 토스트

피자 : 도미노 포테이토 (또는) 피자헛

치킨 : BHC간장 골드윙, 파닭

음료 : 오렌지주스, 포도주스, 크렌베리주스 콜라, 사이다, 포카리스웨트, 게토레이

과자 : 초코파이, 오예스, 몽쉘통통, 후렌치프라이(딸기맛), 버터링, 와플, 포테이토칩, 카라멜땅콩, 빠다 코코넛, 고소미, 빈초, 조청유과

빵류 : 크리스피도넛

"진통제 먹고 행군하겠습니다"

　아들이 천자봉 행군을 무사히 마친 것은 정말 축하해 줄 일이다. 나는 사실 체력 약한 아들이 천자봉 등정을 완수하지 못할까봐 속으로 많은 걱정을 했었다. 천자봉은 해병대의 상징이다. 천자봉을 등정해야 비로소 해병으로서의 자격이 주어지는 것으로 돼 있다. 훈련병들이 천자봉 행군을 마치고 귀대할 때 후임 기수들이 도열해 박수를 쳐준다. 곧바로 해병대원의 상징인 빨간 명찰을 가슴에 달아주는 '빨간 명찰 수여식'(그 전까지 훈련병들은 노란 명찰을 단다)도 갖는다. 그 순간 비로소 정식해병이 된다는 얘기다.

　해병대에서는 이 빨간 명찰이 갖는 의미가 크다. 수여식에서 빨간 명찰을 가슴에 달고 눈물을 흘리는 훈련병들도 적지 않다. 그렇게 의미가 큰 천자봉 행군을 완수하지 못한다면…. 마음의 상처가 없을 수 없다. 그 마음의 상처는 평생을 갈 수도 있다. 물론 훈련단 측은 몸이 아프거나 컨디션이 나빠 천자봉 등정을 완수하지 못한 훈련병에게도 빨간 명찰을 달아준다. 매 기수 천자봉 행군을 완수하지 못하는 훈련병들이 꽤 나온다. 행군을 완수하지 못해도 빨간 명찰을 달아준다고는 하지만 완수하지 못한 것은 완수하지 못한 것이다. 해당 훈련병들의 마음이 편하겠는가.

나는 아들이 천자봉 행군을 완수함으로써 마음의 상처 없이 당당한 해병으로 태어나길 바랐다. 그 바람이 실현됐다는 소식에 기쁘지 않을 수 없었다.

그러나 동시에 걱정이 생겼다. 아들이 훈련 열외한 것을 후회하면서 진통제를 먹고 천자봉에 가겠다고 했는데, 그렇게 무리하다가 허리 통증이 고질병이 되는 것은 아닌가? 두말할 것도 없이 사람에게는 건강이 최고다. 명예와 돈을 얻으면 뭐하는가. 건강을 잃으면 모든 것을 잃는 것 아닌가.

내가 아들을 무리하게 내몬 것은 아닌가. '쓰러지더라도 가라'고 강권(強勸)하다시피 했던 것이 후회됐다. 그러나 아들과 통신할 수단이 없다. 허리에 문제는 없는지, 건강에 조심하라는 인터넷 편지를 보내는 수밖에.

무엇보다 아내의 걱정이 컸다. 아내도 허리통증으로 고생해본 경험이 있다. 즉각 아들에게 편지를 썼다. 바른 자세를 하는 것이 허리에는 최고라는 경험담과 함께. "엄마도 허리나 골반이 아파서 X-ray를 찍은 적이 있는데 이상이 없었어. 남들 보기에 꾀병 같아서 공연히 더 서럽지. 항상 자세를 바르게 하고 나아질 것이라 생각하거라. 양포 행군을 열외하고 천자봉 행군한 것은 현명하게 처신한 것 같다."

200% 자부심을 가져라

아들아. 오늘 27일 네 편지 받았다. 네가 고생하는 모습이 선하다. 사격 17발이나 맞춘 건 대단한 거다. 잘했다. 기열아! 훈련 하루 열외한 것 아빠에게 미안해 할 것 전혀 없다. 몸이 아프면 당연히 열외하는 거지. 신경 쓰지 마라. 더구나 어제(26일) 행정반과 통화하면서 확인했지만 네가 다짐한 대로 천자봉 행군에는 참가했다니 200% 자부심을 느껴도 좋다. 자기 체력대로 최선을 다하면 그걸로 충분하다. 그보다는 허리가 아프다니 그게 정말 걱정이구나. 평소에 운동하지 않다가 갑자기 격한 훈련을 받으니 허리에 무리가 간 것인지…. 일단은 바른 자세와 규칙적 운동으로 꾸준히 관리해야 할 것 같다.

우리 아들 편지에서 느낀 건 이러니저러니 해도 네가 군생활에 많이 익숙해졌구나 하는 점이다. 사람은 적응의 동물이다. 너도 모르게 넌 군인이 돼 가고 있단다.

인터넷편지가 제대로 전달되지 않는다니, 면회갈 때 그동안 쓴 거 다 출력해서 한 벌 가져가마. 음식도 준비 중이다. 우리 아들 기열아. 사랑한다.

5월 27일 아빠의 편지

마지막 주말

오늘 28일 토요일, 훈련단 중 마지막 주말이다. 잘 지내고 있니? 기열이는 다음 주말도 훈련단에 머물다가 6월 7일쯤 대전으로 옮겨가는 것으로 알고 있다만 그래도 모든 동기들과 함께 지내는 것은 이번이 마지막일 터. 회자정리(會者定離 : 만나면 헤어지게 된다)라고 한다. 그동안 베스트프렌드도 사귀었다니 동기들과 아름다운 이별의 추억을 만들어라.

아들아. 진통제를 먹더라도 천자봉 행군은 강행하겠다는 너의 말, 아빠가 가슴이 아프다. 기열이에게 너무 부담 준 것 아닌가, 그 결과 허리통증이 악화된 것은 아닌가.

기열아, 아빠에게 전혀 죄송할 것 없다. 오히려 아빠가 미안하다. 어제부터 엄마하고 계속 그 걱정이다. 무리했다가 큰일 날 수 있는데.

아들아. 아빠가 어제 우편편지를 하나 보냈고, 오늘 다시 하나 썼다. 월요일에 당일특급으로 보낼 것이다. 자세한 말은 거기에 썼다. 기열아, 아빠 말에 너무 부담 갖지 마라. 네가 할 수 있는 만큼만 해라. 사랑한다. 아들아.

5월 28일 아빠의 편지

아들의 세 번째 편지다발을 다시 한 번 읽으며 곰곰이 생각하다가 5월 27, 28일 아들에게 장문의 편지를 연달아 써 보냈다. 6월 2일 수료식 전에 아들이 받아볼 수 있기를 기대하면서 보낸 편지였다 (하지만 기열이는 이 편지를 후반기교육을 가서야 받아볼 수 있었다).

　아프고 힘든 상황에서 의무실에 가야 하나, 열외를 해야 하나, 열외하면 동기들과의 추억을 상실하지 않을까 등의 문제를 혼자 판단하고 혼자 결정하려니 그게 쉽지 않았던 듯하다.

　혼자서 판단하고 혼자서 결정한다는 것…. 그것은 50이 된 내 나이에도 어려운 일이다. 하물며 갓 고등학교를 졸업한 기열이 또래의 청년이야 더 말해서 무엇하랴.

신세대 해병이 강하다

사랑하는 아들아. 오늘 이 편지는 아마도 네가 훈련단에 있는 동안 받아볼 수 있는 마지막 우편편지가 되지 않을까 싶구나.

기열아. 얼마나 고생이 많니. 몸 아프면 서러운 곳이 군대란다. 더구나 허리 아픈 것은 겉으로 표도 나지 않고. 누구 한 사람 살뜰하게 챙겨줄 사람이 없으니 더욱 서러워지는 것이다. 밥을 타다 주겠다고 하는 동기가 있다니…. 네가 얼마나 몸이 아팠으면 그랬을까, 생각만 해도 안쓰럽구나.

허리가 왜 아픈 건지, 특별한 원인이 있는 건지, 궁금하구나. 그냥 이유 없이 그런 건지, 다음에 정확한 증상을 알려다오. 필요하면 약이라도 가져가든지 해야 하지 않을까 싶다.

그나마 그렇게 챙겨주는 동기와 함께 있다니 큰 위안이 되지 않을까 싶다. 군대에서 그런 좋은 동기들 만나기가 쉽지 않단다. 너도 남은 기간 동기들에게 베풀고 배려하면서 좋은 추억을 남기기 바란다. 밥을 타다 주겠다는 그 동기로부터 느낀 작은 정이 너의 평생 기억에 남을 수 있단다. 마찬가지로 너도 그런 작은 호의를 남에게 베풀면 그 사람도 너를 평생 기억할 수 있단다. 사회에 나와도 마찬가지란다. 그런 게 인간관계란다. 너도 이제 너 스스로 인간관계를 만들고 가꾸어 나가는 출발점에 선 셈이다.

기열아. 오늘 〈주간동아〉에 해병대 교육훈련단에 관한 기사가 났더라. 차동길 교육훈련단장님의 인터뷰도 실렸더라. 그 내용 중에 '해병대 신병들이 지원할 때는 적극적인 의지를 갖고 지원했지만, 막상 훈련소에서는 모두가 편하게 지내기를 바란다'는 내용이 있더라. 기열아, 너뿐이 아니다. 편하기를 바라는 심정은 모든 신병이 마찬가지란다.

네가 육군으로 갔으면 신병훈련이 조금은 편했을지도 모른다. 그러나 네가 실제로 육군 신병교육을 받았다면 거기는 거기대로 엄청 힘들었을 것이다. 거기서도 '어떻게 하면 좀더 편할 수 있을까' 하는 생각을 하고 있을 것이다. 결국은 육군이나 해병대나 힘든 건 마찬가지라는 얘기다.

네가 체력이 달려서 훈련받는 것이 남들보다 더 힘들기는 하겠지만 그래도 어떻든 견디고 있지 않니? 그렇게 고생하면서 견뎌냈다는 사실이 너의 향후 인생에서 큰 자부심이 될 것이다. 몸은 비록 고되지만 그 대신에 정신적 만족을 얻을 수 있으니 해병대가 결코 후회하는 선택은 아닐 것이라고 아빠는 믿는다.

우리 아들이 모든 훈련에 빠짐없이 참가해 동기들과 추억을 만들고 싶다고 편지에 썼다만, 사실은 네 마음에도 이미 정신적 만족을 향한 진취성이 발현(發現 : 밖으로 나타남)되고 있더구나. 그런 마음의 자세가 너를 고양(高揚 : 높게 올림)시켜줄 것이다. 기열아, 긍정적으로 생각해라. 진취적으로 생각해라.

기열아. 체력은 하루아침에 단련되지 않는다. 아빠의 경우를 보면 운동을 시작한 지 6개월이 지나서야 비로소 체력에 자신감이 붙더라. 체력 부족한 것은 너무 걱정하지 마라. 다만 꾸준하게 체력단련을 하거라. 그러면 조금씩 조금씩 너의 육체가 달라질 것이다.

기열아. 세상에는 이런저런 사람들이 많단다. 개념 없는 사람, 남에게 폐 끼치는 사람, 남을 못살게 구는 사람, 심지어 범죄자도 있지 않니?

해병대 홈페이지를 자주 본단다. 자식을 해병대에 보낸 가족들이 이런저런 질문과 민원을 많이 올린단다. 무리한 요구도 있고 눈살을 찌푸리게 하는 경우도 없지 않단다. 어른들은 항상 '요즘 젊은 것들'이라고 말하지만 사실은 요즘 젊은 것들만 그런 것은 아니란다. 어른도 마찬가지인 경우가 많다. 그게 현실이란다.

세상을 살다가 보면 별별 사람을 다 만나고 이런 꼴 저런 꼴 겪게 된단다. 세상에는 워낙 다양한 사람들이 있는 만큼 그러려니 하고 인내하고 자연스럽게 받아들이는 것도 네가 앞으로 체득해야 할 과제 중의 하나 아닌가 싶다.

아들아. 고생 많이 했다. 〈주간동아〉를 보니, 해병대 교육훈련단 장님 말씀이 "요즘 해병이 옛날 해병보다 더 강하다"고 하시더라. 옛날에는 고등학교 때도 군대 비슷하게 통제된 생활을 경험하다 군대에 갔기 때문에 군대 적응이 빨랐지만 요즘 신병들은 전혀 통제받는 생활을 해보지 않다가 갑자기 통제되고 폐쇄된 생활을 하는데, 그렇게 자신을 억제하면서 정신적 고통을 견디고 적응하는 요즘 신병들이 옛날 해병보다 훨씬 강하다는 논리였다.

요컨대, 자신을 억제하면서 통제된 환경에 적응하는 정신력으로 볼 때 요즘 신병이 정말 강하고 대단하다는 것이다. 아빠의 생

각과 꼭 같더라.

네가 훈련단에서 생활하면서 불만도 있고, 자기 의견도 강하고, 편지에 투정도 부리고 한다지만 너는 군대훈련이라는 통제된 상황을 극복해 내지 않았니? 그 자체가 강한 해병, 강한 남자가 됐다는 증거란다. 네가 모르는 사이에 너는 그만큼 강해지고 있단다.

그리고 편지에다 투정부리고 불만 얘기하고 하는 것을 미안하게 생각하지 마라. 그렇게 해도 된다. 불만이 있으면 어딘가에 말하는 게 정신건강에 좋단다. 그렇다면 차라리 아빠에게 얘기하는 것이 낫지 않겠니? 아빠가 현명하게 조언하고 처리할 수 있을 것이다.

아들아. 남은 며칠 잘 지내거라. 못다 한 얘기는 면회 때 하자꾸나. 아들아 사랑한다.

5월 27일 아빠의 편지

혼자 헤쳐 나가기

아들아. 허리는 어떠니? 혹시 아픈 와중에서 천자봉 행군을 강행하느라 악화된 건 아니니? 무리하지 마라. 다른 무엇보다 몸 건강이 최고다. 자칫하다가 평생 고질이 될까 걱정이다. 몸부터 챙겨라.

어제 훈련단 마지막 편지를 보낸다고 했다만 아무래도 얘기를 조금 더 해야 할 것 같아서 오늘 5월 28일 편지를 하나 더 쓴다. 만나서 말할 수도 있겠지만 말이라는 것은 한 번 말하면 흩어지는 법이니 이렇게 글로 쓰는 것이 좀더 오래 기억되지 않을까 싶다. 우리 아들이 훈련단에 있는 동안 이 편지를 받아볼 수 있기를 바란다.

우리 아들 편지를 다시 읽어 보니 모든 것을 혼자 헤쳐 나가려니 힘들다는 말이 눈에 띄더구나. 네가 얼마나 힘든 환경에 있는지, 그 한마디로 모든 것을 알겠더구나. 그렇다. 혼자 헤쳐 나가는 것은 아빠와 같은 나이든 사람들에게도 힘든 것이다. 그냥 힘든 것이 아니라 엄청나게 힘든 것이다. 하물며 고등학교를 갓 졸업한 네 나이에야 새삼 말해서 무얼하겠니.

아빠는 그 말을 들으면서 아들을 너무 일찍 군대에 가도록 권한 건 아닌가 하는 후회를 하기도 했다. 군대에 가기 전까지 너는 부모와 학교라는 보호의 틀을 벗어난 적이 없지. 혼자서 판단하고 행동해본 경험이 사실상 전무하지. 네 혼자서 의지대로 해본 게 있다면 '컴퓨터 그만 좀 하라'는 엄마 아빠 잔소리에도 불구하고 고

집을 부리면서 밤늦게까지 컴퓨터 게임에 매달렸던 것 정도? 그게 솔직한 현실 아니니?

아빠가 너를 군대에 보내 놓고 주변사람들과 얘기해보니까 대학이든 사회생활이든 고교 졸업 후 1년이라도 세상을 경험한 아이들은 군대에 적응하는 것이 그래도 좀 나은 듯하더라. 다만 1년이라도 고등학생이라는 '미성년자 신분증'을 벗어나 성인으로서 자기 판단으로 이런저런 경험을 쌓았다는 점이 너 같은 '세상 미경험자'들과는 확실히 구별되게 하는 듯하더구나.

성인으로서 세상을 살았다는 것은 비록 작은 일일지라도 혼자서 판단하고 결정하고 행동한 경험이 있다는 얘기다. 자기 혼자서 헤쳐 나가 본 일이 있다는 것이지. 그런 경험이 1년만 있어도 사람이 많이 다른 것 같더라. 사전경험이 전혀 없이 갑자기 한꺼번에 모든 것을 맞닥뜨리게 된 우리 아들이 힘든 것은 당연한 일이다.

아들아. 네가 지금 힘든 것은 네가 유독 의지가 약하거나 못난 사람이어서 그런 것이 아니다. 너를 자책하지 마라. 어린 너를 급하게 허허벌판으로 내몬 아빠가 너에게 미안할지언정 네가 자책할 일은 절대 아니다.

통제된 훈련단 안에서 몸이 아픈데 훈련에 열외를 할까 말까 하는 것은 너에게 주어진 몇 안 되는 '자기선택'이었을 것이다. 모든 자기선택에는 자기책임이 따른단다.

네가 겪었듯, 열외를 선택했을 때 동기들과의 추억거리를 상실하게 될 것 같고, 강인하게 버텨주기를 바라는 가족의 기대를 저버

릴 것 같고, 자기 스스로도 점점 나약해져 가는 것 아닌가 하는 자괴감(自愧感 : 스스로 부끄러워하는 감정)도 있었을 것이다. 그러나 반대로 무리하게 강행했을 때 허리통증이 악화돼 고질병이 될 수도 있고, 가다가 실신했다는 네 동기처럼 너도 그렇게 됐을지 모를 일이다.

아들아. 세상은 이런 갈등상황의 연속이다. 한 쪽을 선택하면 다른 쪽은 포기해야 한다. 그렇다고 내가 선택한 쪽이 100% 옳다고 할 수 없다. 선택하지 않은 쪽이 100% 그르다고도 할 수 없다. 인생에는 절대진리, 절대선이 없단다. 객관식 시험문제처럼 딱 부러진 정답이 없다. 정답이 있다면 그것은 선택하고 말고 고민할 필요가 없다. 정답대로 하면 되는 것이니까. 인생에는 51 대 49의 선택이 있을 뿐이란다.

네가 열외를 택하든 훈련참가를 택하든 그것도 51 대 49의 선택이었단다. 물론 그 선택의 결과만 놓고 보면 전부(全部) 아니면 전무(全無)지만 그 과정은 어느 것이 절대적으로 옳고 어느 것이 절대적으로 나쁘다고 할 수 없는 것이다. 그러니까 아들아. 너의 선택이 옳았느니 아니니 고민하고 자책할 필요 없다. 자책하기보다는 오히려 선택의 결과에 대해 당당한 자신감을 가져라.

너의 선택으로 '훈련받는 것'은 전무가 됐지만 거꾸로 너의 '허리아픔'에는 전부의 도움이 됐을 것 아니니. 크게 보면 그게 너에게도 훨씬 유익한 일이었고, 나아가 해병대 전체에도 유익한 일이었을 것이다. 모든 병력을 건강한 상태로 관리하는 것이 군 전체의

전투력에도 훨씬 유익한 일이다. 그러기에 의무실이 있고, 아픈 사람 훈련열외도 시켜주는 제도가 있는 것이다. 그렇게 생각하면 문제는 간단하다.

자기선택의 결과에 대해서는 자기가 책임을 지되, 그것을 항상 긍정적으로 생각할 필요가 있다는 말이다. 훈련을 하지 못한 데 따른 부담은 있을 수 있지만 그건 51% 합당한 선택을 위한 49%의 불가피한 희생이었다고 말이다.

세상을 혼자 헤쳐 나간다는 것은 다른 말로 하면 혼자 판단하고 결정하고 행동하고, 그 결과를 혼자 감수해야 한다는 것이다. 사실 따지고 보면 인간은 모두가 이렇게 혼자서 헤쳐 가는 인생을 살고 있단다. 인간은 늙어 죽을 때까지 끊임없이 선택을 강요받는단다. 아빠도 지금 매순간 어떤 선택을 해야 하는가 고민하고 있단다. 버스를 탈까 지하철을 탈까, 어느 회사를 목표로 취직준비를 할까, 지금 어느 주식에 투자하는 것이 좋을까, 결혼상대는 누가 적당한가, 해병대에 갈까 육군에 갈까….

그중에는 남과 상의하기 힘든 문제도 있고, 남과 상의하는 것이 오히려 도움이 안 되는 경우도 많다. 사람은 누구나 나약한 존재다. 그래서 큰 선택을 앞두고는 남들에게 자문을 구하는 일이 많다. 자기 스스로도 어떤 선택이 좋은 것인지 자신이 없기 때문이다. 아빠도 몇 년 사이에 그런 경험을 했단다. 월급쟁이를 그만둘 것이냐, 그만두면 무엇을 할 것이냐…. 나의 주체적인 결단을 요구

하는 일이 많이 닥치더구나. 평생 조직의 결정에 따르는 생활을 하다가 내 인생이 통째로 좌우될 수 있는 선택을 나 스스로 해야 하는 상황을 맞게 되니, 그것은 아빠 나이에도 참으로 힘들더구나. 많은 선배와 동료 유경험자에게 자문을 구하고 상담도 해봤단다.

그러나 아빠가 뒤늦게 내린 결론은 하나란다. "결정은 나 스스로 할 수밖에 없다"는 것이다. 많은 사람들이 아빠에게 조언을 해줬지만 나중에 곰곰이 생각해보니 그 조언은 그들의 입장이 가미된 조언이더구나. 자신의 인생관에 비춰봤을 때 좋다 나쁘다는 조언인데, 따지고 보면 그 사람의 인생관과 내 인생관이 같은 것은 아니잖은가!

내가 A를 선택하는 게 좋을 것이라는 조언은, 따지고 보면 내가 A를 선택하는 것이 그 사람에게 도움이 되기 때문에 그런 것은 아닌가!

그래서 사람들은 자신의 인생에서 마주치는 수많은 선택을 두고 '고독한 결단'이라는 말들을 하는가 보더라. 그렇단다. 결국은 자기 혼자 판단하고 행동할 수밖에 없단다. 심지어 부모들도 옳은 조언을 해준다는 보장이 없다. 부모들도 모두 세상사에 정통하다고 할 수 없다. 세상 부모들이 모두 완전히 자식의 입장에서 생각한다고 단언할 수 없단다. 부모도 따지고 보면 이기적인 존재란다.

자식이 완전한 성인으로 독립하기보다는 품안의 피보호자로 남기를 바라는 마음이 부모에게는 있단다. 자식의 독립을 원하지 않는 심리―그런 마음으로 하는 조언이 올바른 조언이 될 수 있겠니? 자칫 자식을 무능하게 만들기 십상일 것이다.

아들아. 앞으로 네 앞에 수많은 선택이 기다리고 있을 것이다. 대부분은 51 대 49의 선택이란다. 어떤 선택을 하든지 49는 잃을 수밖에 없다. 때로는 그 49가 100처럼 보이기도 한단다. 실제로 100일 수도 있다. 그래서 모든 선택은 힘들단다. 고민과 갈등과 회한이 남을 수 있다. 이 세상에 너의 선택을 도와줄 사람은 아무도 없기 때문이다.

아들아. 어느덧 너도 혼자서 자기결단이라는 힘든 과제를 떠안아야 할 상황에 처했구나. 안쓰럽지만, 자기결정을 하게 되면 신중하게 생각하되 주저하지 말고 결정하거라. 결정하는 데 있어 남의 눈치를 볼 필요가 없다. 너도 아빠 닮아서―우리 식구 모두 비슷한 성향이다만―어떤 의사결정을 하는 데 남의 눈치, 체면을 의식하는 경우가 많을 것이다.

중요한 것은 나의 마음이다. 내 마음에 비춰서 부끄러움 없다면 그것으로 족하다. 때로는 자기최면도 걸어야 한다. 남의 눈치를 보다가는 잘못된 선택을 하기 십상이다.

아빠도 잘못된 선택을 하고 후회한 적이 있다. 하지만 그런 실패의 경험조차도 결코 헛된 것은 아니었다. 그 실패로부터 많은 것을 새롭게 배우고 있기 때문이란다.

자기결단도 연습이 필요하다는 생각이 든다. 너도 지금부터 연습을 해둬라. 네 인생을 좌우할 만큼 큰 자기결단을 해야 할 일은 당분간 없을 테니, 지금부터는 연습이라고 생각하고 자신 있게 자기결단을 내리고 그 결과로 빚어지는 양상을 음미해 교훈으로 삼기 바란다.

우리 아들은 이미 그렇게 하고 있더구나. 열외라는 선택에 대해 후회하고 천자봉 행군에 참가했다고 하니 말이다. 자기결정의 결과에 대해 책임지는 것도 연습이 필요하다. 자신의 결단에 대해 남들이 비난하면 그 비난에 정면으로 맞설 각오도 해야 한다. 매가 돌아오면 매를 맞고 견딜 수도 있어야 한다. 모든 자기결단의 결과는 그것이 설혹 잘못된 결단이었다 해도 결과적으로 자신에게 다도움이 된다. 인생을 살다 보면 언젠가는 비슷한 문제로 다시 한번 결단할 수 있는 기회가 오게 마련이다.

아들아. 아빠가 '모든 것은 혼자 결단할 수밖에 없다'고 했다만…. 그러나 언제든지 아빠에게 상의해라. 너는 아직 어린 나이다. 아직 세상을 경험하지 못한 나이다. 어리광도 좋다. 군대에서 홀로 헤쳐가기가 얼마나 힘들겠니. 보지 않아도 눈에 선하다. 군대는 누구에게나 외로운 곳이란다. 동기애, 전우애라는 말을 수도 없이 들지만 현실에서 보면 선임은 무서운 존재요, 후임은 빼딱한 존재인 경우가 많다. 나를 진심으로 이해해 줄 사람은 하나도 없는 것 같은 삭막함. 그것이 대부분의 사람이 군대에서 느끼는 솔직한 감정일 것이다. 물론 거기서도 지내다 보면 알콩달콩 사연도 쌓이고 정도 들지만 적어도 이등병에게는 군대란 삭막한 곳이다.

언제든지, 얼마든지 아빠에게 상의해라. 투정도 마음껏 부리거라. 그것이 우리 아들에게 정신적으로 도움이 될 것이라고 생각한다.

아빠가 '자기결정' 얘기를 길게 한 것은 이제부터 그런 연습을 조금씩 해보라는 뜻일 뿐, 모든 것을 너 혼자 떠맡으라는 건 아니다. 모든 것을 혼자서 결정하고 헤쳐 나가는 것은 네 나이에는 결코 쉽지 않은 일이다. 아니, 불가능한 일이다. 따지고 보면 너는 아직 20세가 안 된 미성년자 아니니? 아빠에게 상의하고 투정부리는 것을 절대로 미안하게 생각하지 마라. 아빠는 기열이에게 옳은 조언을 해줄 수 있다고 본다. 아빠가 상당히 객관적이잖니.

사랑하는 우리 아들, 기열아. 면회가 며칠 안 남았다. 보고 싶구나.

5월 28일 아빠의 편지

"이만하면 면목이 서겠지요?"

세 번째 편지다발을 집으로 보낸 후에도 아들은 계속해서 편지를
썼다. 훈련단을 수료하기 직전에 쓴 그 편지들은 기열이가 후반기
교육을 받기 위해 육군종합군수학교로 이동한 뒤에야 배달됐다.
훈련단에서 마지막으로 쓴 그 편지들에는 '해냈다'는 성취감이 팍
팍 묻어났다.

 ### 정상에서 느끼는 성취감

오늘 극기주가 끝났습니다. 어머니 아버지께서 소대별 생활실별
사진 속에서 저를 못 찾으신 것 같은데, 그때 의무실 입실로 열외
를 했습니다. 어머니 아버지를 실망시켜 드린 것 같아 마음이 무겁
습니다.

大韓民國海兵隊

해병대 신병제2교육대(1140기) 8소대 천자봉 정복기념 (2011. 5. 26)

해병대 신병훈련의 꽃으로 불리는 천자봉(경북 포항시에 있는 산) 등정을 완수한 해병 1140기
제2신병교육대대 8소대 훈련병들이 천자봉 정상에서 기념촬영을 했다. 두 번째줄 오른쪽에
서 세 번째가 윤기열 훈련병. 이날따라 천자봉 정상에는 비구름이 자욱해 사진이 흐릿하다.

하지만 극기주는 열외를 하지 않고 열심히 했습니다. 각개전투 훈련장까지 행군을 하는데 3명 1개조 조장으로서 3~4kg 정도 나가는 텐트까지 메고 산악행군도 했습니다. 제가 자발적으로 조장을 한 것이 아니라 교번순이기는 하지만 다른 동기들보다 열심히 한 것 같습니다. 또 침투 훈련에서는, 이 또한 교번순이지만 분대장 역으로 열심히 훈련에 임했습니다.[1]

천자봉도 뒤처지지 않고 잘 올랐습니다. 오르막길은 죽을 듯 힘들었지만 동기들과 서로 다독이며 정상까지 올랐을 때 성취감이 들었습니다.

5월 26일 저녁 7시경 아들의 편지

뒤늦게 도착한 소포

어제 소포를 받았습니다. 밴드와 편지봉투 우표가 굉장히 많았는데, 부모님 마음을 느낄 수 있었습니다.

어제 빨간 명찰 수여식을 했는데 천자봉 행군 후에 단 빨간 명찰 수여식에 기분이 굉장히 좋아졌습니다.

---

1 아들 편지를 볼 때마다 느끼는 것인데, 아들은 참 솔직하다. 조장, 분대장이 되었던 게 교번순에 의해 그랬던 것이라고 말할 필요가 뭐 있니? 그냥 그런 역할을 했다고 하면 아들의 열성이 더 돋보였을 텐데…. 과장할 줄 모르는 아들. 열심히 한 것은 그냥 마음껏 자랑해도 된단다. 어쨌든, 저질체력으로 인해 행군후미에 처지곤 했다는 이전의 편지에 비하면 기열이가 이즈음 대단한 감투정신을 발휘한 것은 확실하다.

이 편지는 아마 수료식 면회 때 전해 드리는 것이 더 빠를 것 같습니다. 훈련이 다 끝나니 실무에 대한 걱정이 듭니다. 해병대의 구타와 가혹행위가 그만큼 유명하기 때문입니다. 모든 훈련이 끝나고 소대장님과 교관님들도 우리를 조금 풀어주는데, 먹을 것 생각이 많이 듭니다. 이미 먹고 싶은 것들을 적었고, 이 편지가 수료식 전에 전해지지도 않겠지만 전에 적지 못한 것들이 많습니다.

이곳에서 급식을 먹으면서 어머니께서 해주신 밥의 소중함을 배웠습니다. 따뜻하고 맛있는 밥. 어머니께서 해주신 밥 생각이 많이 납니다. 휴가 때밖에 먹어보지 못한다는 것이 조금 슬퍼집니다.

면회일이 6일 남았습니다. 저번에 열외를 한 번 했지만 이번 주 극기주는 열외 낙오 없이 훈련을 받았습니다. 저도 조금은 면목이 서겠지요?[2]

5월 27일 오후 아들의 편지

2 면목이 서다뿐이겠니? 아들아, 큰일을 해냈다. 면회 때 아들에게 들은 바로는 극기주 이전의 훈련 때 아들은 체력이 달려서 맨 후미로 처지곤 했다고 한다. 그러나 천자봉 행군 때는 선두그룹에 서서 올랐다고 한다. 뒤에 처지면 훨씬 힘이 든다는 것을 깨달았기 때문이라고 했다. 그래, 무엇이든지 기왕이면 앞장서는 게 좋다. 중요한 체험을 했구나!

천주교 세례

어제 성당에서 세례를 받았습니다. 세례명은 예로니모인데 아마도
제로니모와 같은 이름일 겁니다.[3]

5월 29일 오전 11시 아들의 편지

우리 아들의 훈련단 편지쓰기는 여기서 끝났다. 극기주가 끝나면
서 마음의 여유를 찾은 듯하다. 더구나 6월 2일 면회를 앞두고 있
으니 굳이 편지를 쓸 이유도 없었을 것이다. 그런 아들의 상황을
집에서도 짐작은 했지만 편지쓰기는 멈추지 않았다.

　군 훈련병에게 보내는 편지는 많으면 많을수록 좋다. 훈련병들
에게 공식적으로 허용된, 거의 유일한 낙이기 때문이다. 이때는 집
에서도 마음에 여유가 생겨 이것저것 다양한 주제로 편지를 썼다.
훈련병에게 인터넷편지쓰기가 가능한 시한은 수료식 당일(6월 2
일)까지다.

---

3 천주교 세례 소식은 뜻밖이었다. 아들은 엄마 따라 성당에 좀 가보라고 하면 "하느님은 다 거짓말
아닌가요. 무슨 신이 있다고…"라며 극히 부정적인 반응을 보였다. 그런데 세례를 받았다니…. 예로
니모(Jerome, Hieronymus : 서기 347~419년)는 히브리어로 된 구약과 그리스어로 된 신약을 라틴
어로 번역한 성인(聖人)이라고 한다.

글쓰기

아들아. 오늘 29일 일요일이다. 허리는 괜찮은지.

그동안 훈련받느라 여유가 없었을 텐데 그래도 틈틈이 시간을 내서 편지를 써 보낸 게 대견하다. 엄마 아빠는 네 편지 받는 게 큰 기쁨이란다. 계속 편지를 쓰면 네게 여러 도움이 될 것 같다. 집에 자주 보내지 않아도 된다.

글을 쓴다는 것은 어설픈 생각을 다듬어 주기도 하고, 지난 일을 반성하게 해주기도 한다. 또 글로 감정을 표출하면 스트레스 해소에도 좋다. 네 편지는 엄마가 잘 보관할 것이다. 훗날 너의 성숙의 궤적(軌跡 : 바퀴자국)을 돌아보는 것도 좋을 것이다.

우리 아들은 글을 잘 쓰더라. 용어구사도 좋고 맞춤법도 틀리지 않더라. 아빠가 놀랐다. 글은 지금처럼 그냥 쉽게 생각나는 대로 쓰면 된다. 엄마에겐 글쓰기가 엄청난 스트레스다. 네게 편지 쓰는 것도 낑낑 맨다. 일일이 단어 찾아보며 맞춤법 확인한다. 엄마에 비하면 우리 아들은 복 받은 셈인가?

사랑하는 아들 기열아. 남은 기간 건강하게.

5월 29일 아빠의 편지

소열이 생일

아들아. 불편한 데는 없고? 잘 지내니?

오늘 30일 월요일이다. 면회날이 코앞으로 다가왔다. 면회 바로 전날이 소열이 생일이더구나. 멀리서라도 축하해 줘라. 요즘 엄마 아빠가 만날 네 얘기만 하니까 소열이가 말은 안 해도 소외감 느끼는 것 같더라. 사실 너희 형제가 사이좋진 않지. 하하. 기열이도 소열이에게 콕콕 찌르는 말을 많이 했었고. 기열아, 그동안 훈련받으면서 가족에 대해 느끼는 게 많았을 것이다. 시간 되면 소열이에게도 마음 써주고 베풀어주는 편지 한 통 보내주면 좋을 것 같다. 소열이도 성격이 소심해서 먼저 마음을 열지는 않지만 넓은 마음으로 끌어주면 고마워하는 아이다.

기열아. 엄마는 면회날 차려갈 것 준비하느라 마음이 바쁘구나. 인터넷 보니까, 부모가 못 오는 신병들이 울더라는 얘기가 많던데, 너희 동기들은 어떤지 모르겠다. 조금 넉넉하게 음식 가져가려고 한다. 기열이도 신경 써서 한번 챙겨보고, 필요하면 면회 때 얘기해라.

기열아. 사랑한다. 건강 조심해라.

5월 30일 아빠의 편지

손꼽아 기다리던 날이 드디어 이틀 앞으로 다가왔다. 네가 입대한 지도 벌써 한 달 반이 됐구나. 엊그제 같은데, 세월이 빠르다면 참 빠르구나.

해병대 홈페이지를 보니까 오늘 5월 31일 1140기는 수류탄 투척훈련을 한다더라. 그게 사실상 마지막 훈련인 것 같은데. 아마도 내일은 수료식 예행연습을 하지 않을까? 훈련병들 모두 마음이 들뜨지 않을까 생각한다.

요즘 해병대 홈피가 많이 바뀌었다. 훈련병 가족들 시시콜콜한 질문까지 친절하게 답변을 잘 해준다. 〈주간동아〉에 '소통하는 해병대'라는 기사가 났는데 그 기사대로 훈련병 가족들과 소통을 잘 하더라. 교육방식도 많이 바꾼다고 하던데 네 편지 보면 실제 그런 변화가 있었던 것 같더구나. 기열아. 마음을 넉넉하게 갖도록 하자. 크게 생각하고, 부정적인 것보다는 긍정적인 측면을 보도록 하거라. 아빠가 큰 틀에서 항상 응원할 것이다.

사랑하는 우리 아들. 건강해라.

5월 31일 아빠의 편지

해병대 공식블로그인 〈날아라 마린보이〉에 올라온 1140기 훈련병들의 IBS, KAAV훈련장면 중 윤기열이 클로즈업된 사진이다. 이때까지만 해도 훈련2주차 초기라, 윤기열의 앳된 모습이 여전하다.

내일이구나

아들아. 허리는 괜찮고?

내일 포항가는 날이다. 엄마 아빠하고 작은 외삼촌이 함께 가려 한다. 소열이는 학교 땜에 못 간다. 기열이 먹을 것, 가져갈 것 준 비하느라 엄마가 바쁘단다. 하루밖에 안 남았지만 그래도 기다려 지는구나. 빨리 보고 싶구나.

오늘 소열이 생일이다. 생일선물로 춘권을 해달라고 해서 엄마 가 머리 싸매고 조리법 보고 있단다. 소열이에겐 아직 군대가 남의 얘기로만 들리는 모양이다. 아직은 철부지이지. 인간이란 무엇이든 닥쳐야만 깨닫는 존재라고 하는구나. 너도 군대에 가서 비로소 깨 닫고 알게 된 것들이 많았을 것이다. 그것은 아빠도 마찬가지였고.

내일 면회가 2시간밖에 안 되더구나. 잠시의 순간이다. 그렇지 만 두어 달 있으면 또 면회가 있고 휴가도 나오겠지. 오랜 기다림 과 짧은 만남이 몇 번 이어지면 제대가 온다. 기열아, 우리 아들 사랑한다.

6월 1일 아빠의 편지

아들! 지금은 6월 2일 새벽 2시다. 엄마는 면회준비 때문에 바쁘기도 하지만, 잠을 자지 않는구나. 잠이 오지 않는단다. 아빠도 내일 새벽 출발하려 좀 일찍 잠에 들었다가 깨었다. 이 편지가 '훈련병 윤기열'에게 보내는 마지막 인터넷편지다. 오늘은 1140기 훈련병 인터넷편지 마감인데, 지금 아니면 쓸 시간이 없겠구나.

우리 아들이 이 편지를 받는 것은 면회를 마친 저녁시간일 터. 기열아! 오랜만에 가족과 만나고 난 뒤라 허전함이 있을지 모르겠구나. 새로 맺은 인연, 맺을 인연을 소중히 하다 보면 허전함도 극복되겠지.

아들아. 실무부대 가면 훈련병 시절이 얼마나 좋았는지 알게 된다고들 한다. 하지만 아빠가 보기엔 훈련병 때가 가장 힘들다. 군인으로서의 첫 관문에서 겪는 문화충격을 이겨내기가 쉽지 않기 때문이다. 자신감을 가져라.

해병으로서 맡은 바 배역을 잘 소화하고, 받기보다는 베푸는 연습을 하면서, 마음 넉넉하게 갖기 바란다.

6월 2일 아빠의 편지

훈련병 손등에 박인 굳은 살

6월 2일, 해병대 1140기 신병의 훈련 수료식. 훈련병 가족과 친지들이 참관한 가운데 의장대 시범, 교육훈련단장 훈시, 우수훈련병 시상, 열병 등의 수료식 행사가 끝나면 훈련병은 연병장에 그대로 도열해 있고 가족들이 각 소대별로 아들을 찾아가 상봉하게 된다.

우리 일행은 나와 아내, 막내처남(기열이 외삼촌 장홍규) 3명이었다. 아들이 속한 8소대 속으로 들어갔지만 한참을 둘러봐도 아들을 찾을 수 없었다. 해병대 정복에 정모를 착용한 훈련병들은 분간하기가 쉽지 않다.

"천자봉 갔다 온 후유증으로 입실해서 수료식에 참석 못한 것 아닌가?"

불길한 상상이 드는 순간 처남의 외침이 들렸다. 대열 후반쯤에 부동자세로 서 있는 아들을 드디어 발견한 것. 7주 만에 마주 본 아들은 얼굴형 자체가 달라져 있었다. 입대 전에는 통통한 얼굴의

소년이었다면, 이제는 각진 청년의 모습이다. 체중도 9kg이나 빠졌다고 한다. 완전 홀쭉이가 돼 있었다. 반갑다는 말이 제대로 나오지 않는다.

"필승! 이병 윤기열은…"

거수경례 신고를 하는 아들도 목소리가 잠긴다.

　가족이 손을 잡고 지정된 면회장소로 이동해 가져온 음식을 펼쳐 놓고 점심을 먹는다. 기열이는 가져온 음식을 골고루 하나씩 다 먹는다(수료식 면회 때 음식을 너무 많이 먹어 토하고 배탈 나는 훈련병들이 많다). 하지만 많이 먹지는 못한다. 오랜만에 단것과 기름진 것을 접하니 생각만큼 많이 먹을 수 없는 모양이다.

　음식을 집어 먹는 아들의 손이 눈에 들어왔다. 엄청 거칠다. 손등(정권)에 굳은살이 박여 있다. 고생을 짐작하고도 남음이 있다. 그런데 기열이는 고생했다는 얘기는 하지 않는다. 훈련 끝나고 나니까 해병대에 오길 잘했다는 생각이 확실히 든다고 한다. 선두그룹에 서서 천자봉에 올랐다는 말에서는 강한 성취감이 느껴진다. 고생이 사람을 강하게 만들어 준다는 옛분들의 말씀에 하나도 틀림이 없다.

이날 수료식 면회의 소감을 아내가 6월 3일 해병대 홈페이지에 올렸다.

2011년 6월 2일 해병대 교육훈련단 수료 면회에서 해병대 하정복을 입은 윤기열 이병이 부모에게 거수경례를 하며 훈련단 수료신고를 했다.

6월 3일 해병대 홈페이지에 아내가 쓴 면회 소감

차동길 교육훈련단장님

한상배 교육연대장님

이재우 신병2교육대장님

그리고 소대장님과 교관님.

1140기 8소대 윤기열 훈련병 가족입니다. 정말 감사드립니다.

자식이 건강하게 6주 해병훈련을 마쳤습니다. 자식에게 많은 변화가 있었습니다. 훈련 중간에 허리통증으로 한 번 훈련열외를 한 것이 못내 마음에 걸려 천자봉 행군 때는 자기 나름대로 최선을 다해서 선두그룹에 서서 올라갔다고 합니다.

불과 몇 주 전 육체적으로도 정신적으로도 나약한 아이의 모습이었다면 지금은 늠름한 초보군인으로 변신했습니다. 겉으로 풍기는 분위기부터 달라졌습니다. 사진을 본 다른 가족들이 '진짜 군인 같다'고 합니다.

자식은 고등학교 졸업하고 바로 입대했습니다. 아직은 어리다면 어린 나이입니다. 자식으로서는 6주간 훈련이 정신적으로도 육체적으로도 태어나 처음 겪는 고통이었을 겁니다. 자식이 보내온 편지에는 그 고통을 감내하기가 힘들어 질렀던 비명의 흔적이 역력합니다. 부모 마음에 걱정이 없을 수 없었습니다.

하루하루를 어렵게 버티는 것 같더니만 마지막 천자봉 행군 때는 자신에게 당당한 군인이 되기 위해 정말 분발했다고 합니다. 그것이 자식에게 자부심으로 남았더군요. 자식이 훌쩍 컸습니다.

정말 해병대에 보내길 잘했습니다. 부모가 데리고 있었다면 결코 이렇

게 성장하지 못했을 겁니다. 아마도 그냥 덧없이 세월만 흘려보내고
있지 않았을까….
큰 은혜를 입었습니다. 진심으로 감사합니다.

아들은 수료식 다음날인 6월 3일, 후반기교육을 받기 위해 육군종
합학교로 이동했다. 훈련단을 수료한 신병은 주특기에 따라서 곧
바로 실무부대(자대)로 가기도 하고 후반기교육을 거치기도 한다.
백령도와 연평도에 배치된 신병들은 섬으로 들어가기 전에 특별
히 4박 5일의 휴가를 주지만, 해병대 다른 부대의 신병은 일반적
으로 일병 진급 직전에야 첫 휴가를 나올 수 있다.

해병대는 규모가 작은 군이다. 그렇기 때문에 특기병 학교를 독
자적으로 운영하지 못하고 대부분 육군에 위탁해 교육시킨다. 기
갑병 운전병 병기병 등이 그렇다. 우리 아들이 간 육군종합군수학
교는 병기병 보급병 견인차량운전병 등 다양한 특기병을 길러내
는 학교다.

육군종합군수학교는 해병대 훈련단보다는 훨씬 생활하기가 편
하다고 한다. '학교'라는 부대 명칭에서 알 수 있듯이 훈련을 시키
는 곳이 아니라 강의를 하는 곳이기 때문일 것이다. 해병대 교육훈
련단에서는 일주일에 한 번 편지를 부치는 것이 유일한 외부연락
통로였다면 육군종합군수학교는 쉬는 시간에 전화도 할 수 있고

편지 전달도 굉장히 빠르다.

　기열이는 육군종합군수학교에 배치된 당일 집으로 전화를 해 안부를 전한 뒤 곧바로 편지를 써서 집으로 부쳤다.

 ## 동기들이 그립습니다

오늘 후반기 교육을 받기 위해 육군종합군수학교에 왔습니다. 교육은 7일부터이지만 이동하는 버스가 그때 없기 때문에 당겨서 왔습니다. 일단 소감은 해병대보다는 널널하다는 것입니다. 군기가 덜합니다. 하지만 역시 육군 소속이기 때문인지 간부들은 해병대를 좋게 보지 않는 듯합니다.

　편하긴 하지만 벌써부터 해병대 동기들이 그립습니다.[1] 오늘 동기들과 헤어졌는데 괜히 눈물이 났습니다.

6월 3일 저녁 7시 47분 아들의 편지

1 해병대는 동기애가 강하기로 소문나 있다. 고된 훈련을 함께한 해병대 동기들은 훈련단을 수료하고 헤어질 때 거의 대부분 눈물로 이별의 정을 나눈다고 한다.

적응 완료

지금 적응이 거의 완료됐습니다. 지금 분위기를 봐서는 매일 통화할 수 있을 것 같습니다. 편지도 자주 보낼 수 있습니다.

몸은 굉장히 편하지만 마음 한구석은 불편한 점이 조금 있습니다. 면회의 후유증인지, 아니며 훈련단에서는 하루도 쉬지 못하다가 3일 내내 쉬어서 그런지도 모릅니다(6월 3일 부대이동 후 6일까지 연속 휴일이었다).

내일은 현충일입니다. 내일도 놉니다. PX도 일주일에 한두 번 가는 모양입니다. 걱정이 있다면 이곳에서 군기가 다 빠지는 것입니다. 일이 없으니까 쓸 말이 없습니다. 이곳에선 해병이 억압받고 무시받는 경향이 있습니다.

6월 5일 오후 6시 아들의 편지

어머니 아버지 안녕히 주무셨습니까?

별 탈은 없는지 궁금합니다. 저는 아무런 이상 없이 잘 지내고 있습니다. 이곳은 편합니다.[2] 불만이 있다면 제가 속한 중대는 다른

---

2 부대 이동 이틀 만에 적응이 완료됐다고 한다! '적응이 완료되었다'는 그 표현 자체가 기열이가 군대에 적응했음을 보여주는 군대식 표현이다. 과거, 해병대가 위탁교육을 받는 육군학교에서는 소수 해병과 다수 육군 간에 다툼이 많았다고 한다. 해병들이 위탁생 주제에 공연히 폼을 잡고 하다가 분란

중대보다 통제가 조금 심하다는 것인데, 배부른 소리이긴 합니다.

보고 싶습니다. 사랑합니다.

6월 6일 오전 8시 아들의 편지

나는 아들이 후반기교육에 간 직후 두 통의 편지를 동시에 써 보냈다. 하나는 면회후유증을 빨리 극복하고 새롭게 적응하기를 바라는 사연을 담았다. 다른 하나에는 이제부터 어머니 아버지라고 호칭하라는 주문이었다.

사실 아들은 편지에다는 군 입대 초기부터 어머니 아버지라고 썼다. 그러나 어머니 아버지라는 호칭을 입으로 하는 것은 전혀 별개 문제다. 이때까지 익숙한 엄마 아빠라는 호칭을 하루아침에 바꾸기가 어디 쉽겠는가. 그렇긴 하지만 군대라는 단절의 시간은 부모에 대한 호칭을 바꿀 수 있는 좋은 기회이기도 하다.

군대 갔다 오면 어른이 되는데 언제까지 엄마 아빠라는 어린애 말을 써야 한다는 말인가―말은 이렇게 하지만 사실 나 스스로도 아이들 앞에서 '아빠'라고 자칭(自稱)하는 게 습관이 돼 있어서 '아버지'라고 하기가 어색하긴 했다.

이 일어나곤 했다는 것. 그런 과거 역사 때문에 육군학교에서는 해병을 별로 반기지 않는다고 한다. 이를테면 텃세라고 할 것이다. 기열이는 그것을 해병이 억압받고 있다고 표현했다.

면회 후유증

기열아! 어제 집으로 전화했다는 말, 엄마한테 들었다.

6월 2일 면회의 후유증이 있을 듯하구나. 아빠도 기열이 면회 갔다 와서 인터넷 이곳저곳을 살펴보니, 군에 가 있는 신병뿐 아니라 집에 돌아온 부모도 면회 후유증을 앓는다고 하더라.

긴 기다림 끝의 짧은 만남—그 허전함이 한 2주는 간다고 하는구나. 집에 있는 부모가 그럴진대 군에 남아 있는 이등병은 어떻겠니. 그 심정 보지 않아도 안다.

군대라는 곳이 그렇단다. 아빠가 군대시절 토막얘기를 몇 번 했다만 군대생활에 적응한다는 점에서 보면 면회는 차라리 하지 않음만 못한 측면도 있단다. 아빠의 경우, 훈련소에 입소해 집에 보내는 첫 편지에 '정말 편하게 지내니까 걱정하지 마시라'는 내용을 적었는데 소대장이 이를 보고(당시에는 훈련병들의 첫 편지는 모두 소대장이 일일이 그 내용을 검사했단다) 나를 불러내더니 '군대가 그렇게 편해?'라면서 구타를 하더구나. 그때 아빠는 결심했단다.

"부모님에게 편하게 잘 있다고 안부 전하는 것도 시비냐? 에이, 군대가 이런 식이라면 더럽고 치사해서 내가 편지 안 쓰고 말지."

그리고는 진짜 편지를 하나도 쓰지 않았단다.

논산 훈련소를 마치고 후반기교육 1개월을 거쳐 강원도 인제 자대에 배치되기까지 3개월 이상 집에 편지 한 번 안했던 것이지.

할아버지가 걱정이 크셨던 모양이더라. 브로커에게 돈을 주고 부탁해서 아빠가 군대 어디에 있는지 알아보셨던 모양이야.

군대간 지 3개월 반 만에 할아버지 할머니가 물어물어 강원도 인제까지 아빠를 찾아오셨더구나. 그게 첫 면회였단다.

아빠가 그때 3개월을 버틴 것은 일종의 오기였다. '군대가 그렇다면 내가 적응해주지'라는 반발심리라고 할까. 그런 마음이 생기니까, 그 뒤로는 집을 향한 그리움, 세상을 향한 궁금증, 그리고 미래에 대한 두려움이 많이 없어지더구나. 그러니까 면회 없이도 버틸 수 있었던 것이지.

물론 지금은 그때와는 시절이 많이 다르다. 그때의 아빠 처지와 지금의 기열이 처지도 판이하고. 아빠는 대학 4년 다니다가 군대를 갔지. 할아버지의 반대에도 젊은 혈기에 학생운동도 했고, 여러 가지 세상경험을 갖고 있었지. 그렇기 때문에 혼자 버티기가 가능했을 것이다. 너처럼 고등학교 마치고 바로 입대한 경우는 얘기가 다르다. 그럼에도 아빠가 옛날얘기를 하는 것은, 사람이란 연령의 고하를 막론하고 적응의 동물이라서 없으면 없는 대로 살아갈 수 있다는 것을 말하기 위함이다.

면회가 아예 없다고 생각하면 그것대로 적응하기 마련이다. 기열아. 후유증을 극복하려면 그렇게 극한의 경우를 생각하는 것도 필요할 듯하구나.

너는 그곳 종합군수학교가 편하다고 했지만 군대생활에서 편하기만 한 곳이 어디 있겠니? 해병대 훈련단보다는 편하겠지만 그래

2011년 6월 2일 해병대 교육훈련단 수료식 후 2시간의 짧은 가족면회가 주어졌다. 교육훈련단 내 지정된 면회장소에서 가족들과 식사하며 아버지와 아들은 모처럼 환하게 웃었다.

도 거기는 거기대로 어려움이 있을 것이다. 씩씩하게 잘 극복하기 바란다. 고된 훈련을 견뎌냈으니 거기서야 못 해내겠니? 다만 거기서는 시험도 보고 평가도 하고 그런 모양이던데, 기왕이면 열심히 공부해서 좋은 성적을 거뒀으면 좋겠구나.

6월 2일 면회 때 우리 아들 보니 정말 많이 달라졌더라. 의젓해졌더라. 그렇게 되기까지 그동안 얼마나 고생이 많았겠니. 아빠는 생각만 해도 안쓰럽다.

신병훈련이라는 것은 군인으로서의 첫 관문에 불과하다고들 말한단다. 사실이 그렇단다. 진짜 군대생활은 실무부대 생활이란다.

층층시하 시어머니들이 늘어선 내무반에서 막내 이등병의 처지란, 사나운 짐승이 우글대는 허허벌판에 혼자 내팽개쳐진 한 마리 순한 양에 비할 수 있을까? 앉아 있기도, 서 있기도 어려운 좌불안석의 긴장이 24시간 내내 지속되니 어지간한 정신력으로는 버티기 힘든 측면이 있단다.

그렇긴 하지만 그 실무부대도 결국은 다 인간이 모여서 어울리는 공간이란다. 견뎌내지 못할 이유는 없지. 너는 훈련단의 첫 관문을 견뎌냈으니 그것도 충분히 견뎌낼 수 있을 것이다. 6월 2일 너를 보니 앞으로도 험난한 군대생활을 견뎌낼 수 있는 충분히 기초를 쌓았더라. 그런 너의 모습이 정말 자랑스럽다.

아프다 해서 천자봉에는 제대로 올라갔는지 걱정했는데, 행군 선두대열에 서서 올라갔다는 말에 안심했다. 사실 아빠는 네가 천자봉 행군을 제대로 마치지 못했을 경우 마음의 상처를 입지 않을까 걱정을 많이 했단다. 천자봉 등정이 해병대의 상징처럼 돼 있는데, 그걸 해내지 못하면 얼마나 마음의 상처가 될까.

면회를 마치고 느낀 소감을 6월 3일 엄마가 해병대 홈페이지에 하나 올렸었다. '윤기열 가족'이라고 신분을 밝히고 올린 두 번째 글이자 마지막 글이다.

기열아. 오늘 그동안 너에게 쓴 편지, 너에게서 온 편지들을 정리하는 작업을 했다. 우리 가족이 주고받은 사연들이 꽤 많더라. 비록 지나간 얘기이지만 그 사연 하나하나가 너는 물론 엄마 아빠에게도 의미 있는 성장의 과정이었다는 생각이 든다. 나중에 한 번

되돌아보면 좋은 추억이 될 것도 같다.

참, 기열아. 면회 때 제대로 얘기하지 못하고 왔는데, 천주교 세례받은 것 축하한다. 종교를 갖는다는 것은 좋은 일이다. 흔히 사람이 나약해질 때, 누군가에게 의지하고 싶을 때 종교에 귀의(歸依 : 돌아와 의지함)한다고 하더라. 나약할 때 의지한다고 해서 비겁한 것은 아니다. 그건 인간의 본성이다. 자신이 나약한 존재라는 것을 안다는 것이야말로 엄청난 발전이다. 그것이 너의 감성과 인생을 보다 풍부하게 해줄 것이라고 생각한다.

6월 5일 아빠의 편지

아버지 어머니라는 호칭

기열아. 다시 전화 목소리 들으니 안심이 된다. 어제 첫 전화 얘기 듣고 어머니하고 혹시 무슨 일이 있는 건 아닌가, 걱정을 많이 했다.

새로운 환경에 적응하는 것은 언제나 힘든 일이다. 육군종합군수학교에는 해병대와는 다른 풍습도 있을 테고, 새로운 사람들과 새롭게 사귀고 적응해야 하니 그것이 결코 쉽지는 않을 것이다.

아버지도 인생을 돌이켜 보면 가장 힘들었던 것이 역시 새로운 조직에 가서 새로운 사람들과 만나는 것 아닌가 하는 생각이 든다. 너도 마찬가지겠지. 그러나 그렇게 새 환경에 적응하는 일을 반복하다 보면 적응 자체에 익숙해지게 된단다. 적응하는 것도 별것 아닌 일이 된다는 말이다.

기열아. 이제 훈련병 생활을 마쳤으니, 지금부터는 아버지 어머니란 말을 쓰려고 한다. 기열이도 아버지 어머니라고 부르도록 시도해 보렴. 편지에는 이미 그렇게 쓰더구만 막상 그런 호칭을 입 밖에 내려니 쑥스럽지?

호칭과 말투 문제를 얘기하면 아버지도 쑥스러운 경험이 있단다. 아버지는 초등학교 저학년까지 할아버지 할머니에게 반말을 썼단다. 호칭은 아버지 엄마라고 했다. 그때는 엄마라고는 해도 아빠라는 말은 별로 쓰지 않던 시절이었단다.

그런데 어느 날 갑자기 할아버지가 '이제부터는 존댓말을 써라' 하고 엄명을 하셨단다. 그러나 입에 익은 말투가 하루아침에 쉽게 바뀌겠니? 그냥 계속 반말을 쓰다가 할아버지에게 엄청 두드려 맞았다. 그 강압이 싫었지만 어쩔 수 없이 더 맞지 않기 위해 존댓말을 쓰기 시작했단다.

어머니란 말은 아버지가 결혼할 즈음에서야 쓰기 시작했단다. 스스로 필요에 의해서 말투를 바꾼 것이지. 상당히 늦었지.

아버지가 언제 편지에 인생은 흉내요 연기라고 한 적이 있을 것이다. 그렇단다. 말투도 흉내 내고 연기하는 것이라고 생각하면 보다 쉽게 바꿀 수 있을 것이다.

기열아. 그곳에서는 아무래도 해병대 훈련단보다는 시간 여유가 있을 듯하니 글 연습이라고 생각하고 틈틈이 편지를 써라. 아버지가 편지에도 쓰고 면회 때도 말했지만 너는 글 솜씨가 있더라.

잘 계발(啓發)하면 여러 가지로 도움이 될 것 같다.

기열아. 아버지가 다른 사람을 배려하라는 말을 몇 번 했다만 그것은 잊지 말고 명심했으면 좋겠다. 밥을 먹을 때 다른 사람 수저 먼저 챙겨 놓아주는 것 같은 간단한 배려가 사람의 인상을 다르게 한단다.

실무배치 받으면 그곳 선임들의 니드(NEED)와 요구를 빨리 파악하는 것이 절대적으로 필요하다. 그래야 실무부대 생활을 잘할 수 있다. 그런 것을 눈치라고 하지. 남의 눈치를 본다고 하면 스스로 자존심 상하는 일일 것이다. 그러나 내가 남을 배려한다고 하면 그것은 품격 있는 일이 될 것이다.

평소 배려심을 가지고 남들의 니드와 요구에 신경을 쓰다보면 자연스럽게 눈치도 빨라진다. 눈치를 보면서도 스스로 자존심이 상하지 않는단다.

사랑하는 아들! 건강 조심해라.

6월 5일 오후 아버지의 편지

진짜 사나이가 되는 아들에게…

'군대 적응 완료했습니다'

아들은 훈련단 훈련이 끝날 무렵부터 실무부대에 대한 걱정을 하기 시작했다. 실무부대에 대한 두려움이 알게 모르게 컸던 모양이다. 이건 비단 우리 아들뿐만은 아니다. 해병대 모든 신병이 마찬가지다. 해병대의 구타와 가혹행위라는 '전통'을 신병들도 익히 알기 때문이다.

육군종합군수학교에 위탁교육을 간 우리 아들의 해병대 동기 및 선임병들도 그곳에서 만나기만 하면 미래에 대한 불안감을 토로하며 실무부대 얘기를 나누곤 했다고 한다.

육군종합군수학교에서는 공중전화를 통해 각자 집에 전화를 할 수 있게 해주는데도 기열이는 별로 전화를 하지 않았다. 편지도 해병대 훈련단에 있을 때보다 덜 썼다. "육체적으로 힘들지 않고 말 그대로 학교에 다니는 것이니 쓸 말이 별로 없다"는 얘기였다.

이따금 보내오는 편지에는 실무부대 적응에 대한 불안감이 담겨 있는 경우가 많다. 6월 11일 쓴 편지에서 기열이는 "이곳에 있는 동안 유일한 걱정거리는 실무에 관한 두려움밖에 없습니다. 저뿐만 아니라 동기들 선임들 또한 마찬가지입니다"라고 썼다.

이 문제에 대해서는 내가 해줄 수 있는 것이 솔직히 별로 없었다. 그저 "걱정하지 마라. 닥치면 누구나 다 할 수 있다"고 조언하는 것이 고작이었다. 인터넷을 검색해서 해병대의 구타와 가혹행위에 관한 최근 소식을 찾아 아들에게 보내주기도 했다.

대부분은 "구타가 있기는 있으나 옛날 같지는 않다. 인간성 더러운 선임을 만나 고생할 수 있지만 그건 해병대뿐만 아니라 어느 사회에서도 마찬가지다. 목소리 크게 하고 동작 빠르면 특별히 맞을 일 없다"는 내용이다.

해병대의 구타

우리 아들이 실무부대 생활을 걱정하는 것 이해가 간다. 해병대는 여전히 구타가 있다고 하더라. 〈주간동아〉에 난 교육훈련단장 인터뷰 기사 다 읽어봤지? 그것처럼 달라지기 위한 시도가 있기는 하지만 하루아침에 전체가 다 변하기야 하겠니. 어느 정도 각오는 해야 할 것이다. 그러나 구타라는 것이 교육훈련단장님 말처럼 때리면 맞을 수는 있는 것이란다. 기열이도 구타 견딜 수 있다. 뭐 잠시 아픈 것뿐이다.

이건 아버지도 군대시절 구타를 많이 당해봤기 때문에 말할 수 있는 것이다. 훈련소 시절부터 억울하게 구타를 당했고 후반기교육 때는 밤새도록 한잠도 못자고 얻어맞은 경험도 있다. 막상 구타를 당하면 그게 별것도 아니란다. 나중에는 '그래 때리려면 맘대로 때려라. 까짓것 맞으면 되지'라는 마음이 들면서 오히려 편해지기도 하더라.

맞기 전에 겁이 나는 게 오히려 고통스럽다면 고통스럽지, 살갗이 터지는 것이야 못 견디겠니. 교육훈련단장님 말처럼 진짜 어려운 것은 정신적 고통인데 그건 네가 이미 극복한 바 있다. 실무부대 생활에 대해 겁먹지 말고 자신감을 가져라.

그러나 실무부대에서도 기왕이면 빠릿빠릿하게 적응하고, 선임들로부터 인정받는 것이 좋겠지. 그러려면 눈치와 행동이 빨라야 한다. 이 점에 대해서는 아버지가 이미 편지에 썼다. 내가 남을 배려한다고 생각하면 눈치 보는 것이 하나도 양심에 부끄럽지 않다. 남이 지금 어떤 환경에 처해 있나, 부족한 것은 무엇인가, 필요로 하는 것은 무엇인가 신경 써주는 것은 최고의 미덕이기도 하단다.

이 점에 관해 말하면 아버지도 잘 못하면서 아들에게만 강요하는 것 같아 미안하다만, 그게 사실인 걸 어쩌겠니. 우리 식구들은 남에 대한 배려가 부족한 점이 있다. 이는 아버지도 항상 마음으로 반성하고 있는 바다. 너도 이 점에 관해서는 하루에 100번이라도 스스로를 성찰(省察)하고 마음을 다잡기 바란다.

아버지가 보기에 너도 활달하고 소셔블(sociable : 사회적인, 사교적인, 붙임성 있는)한 성격은 아닌 듯하다. 네가 보기에 아버지가 사회성 있는 성격처럼 보일지 모르지만 사실은 아버지도 마찬가지다. 적극적이냐 소극적이냐, 외향적이냐 내향적이냐를 따지면 본질적으로 후자(後者 : 뒤의 것)에 속한다. 너도 군대 가기 전 생활하는 것을 돌이켜 보면 후자의 속성이 컸던 것 같다.

그럼에도 군대 가서 생판 모르는 동기들을 만나 친구도 사귀고, 그 왁자지껄한 틈바구니에서 함께 뒹굴고 생활한 것을 보면 아버지로서는 솔직히 우리 아들이 기특할 뿐이다. 아버지는 군대시절 그런 소란스러운 또래집단에서 어울리며 적응하는 것이 쉽지 않았단다.

아버지가 당시 인간관계 적응이 쉽지 않았던 이유 중의 하나는 혼자 잘난 체하는 마음이 있었기 때문 아닌가 하는 반성을 한단다. 알게 모르게 학벌 재력 지위 등을 구별하는 의식이 있었던 것이지.

인간은 그런 것으로 평가할 수 없다는 것을 아버지는 아주 뒤늦게 깨달았단다. 오히려 모자라고 단점 많아 보이는 사람이 더 친근감 간다는 사실, 그렇게 남들에게 친근감을 주는 사람들이 보다 성공적인 삶을 살더라는 사실.

6월 9일 아빠의 편지

군대의 구타 및 가혹행위 문제에 대해 이해하려면 〈주간동아〉 2011년 6월 7일자(789호)에 실린 '필승! 소통하는 해병대 신고합니다' 라는 제목으로 실린 해병대 교육훈련단 관련기사를 읽어볼 필요가 있다.

이 기사에는 차동길 교육훈련단장의 인터뷰도 함께 실렸는데, '새로운 해병상(海兵像)'에 관한 차동길 준장의 철학에 저절로 공감이 갔다.

차동길 교육훈련단장이 민원인의 질의에 직접 답글을 다는 것을 보고 이를 곳곳에 전파하고 다녔다는 얘기는 앞에서 소개한 바 있다. 이를 전해들은 〈주간동아〉 기자가 해병대 교육훈련단에 관해 취재한 것은 5월 24, 25일 경이다. 그 기사가 실린 책이 시중에 나온 것은 5월 30일 월요일이다(주간지는 표시된 발행일보다 1주일 앞서 시중에 책이 배포된다). 나는 6월 2일 면회를 갈 때 〈주간동아〉를 사가지고 가서 읽어보라고 아들에게 줬다. 〈주간동아〉 책에는 차동길 교육훈련단장 인터뷰가 짤막하게 소개됐지만 인터넷 판에는 그 전문이 실렸다. 〈주간동아〉의 허락을 얻어 여기에 그 인터뷰 전문을 소개한다.

차동길 해병대 교육훈련단장 〈주간동아〉 인터뷰 전문

〈주간동아〉 789호에 실린
해병대교육훈련단 관련 기사

해병대 교육훈련단이 지향(指向)하는 해병상은 무엇인가?

"외부에서 볼 때 해병대의 이미지는 강하고 담대한 모습이라고 생각한다. 그런데 그건 좋은 면만 있는 것은 아니다. 때로 정도가 지나친 면도 있을 수 있다. 제가 4월 28일 교육훈련단장으로 부임했다. 교훈단은 자유분방한 민간인을 군인으로 만드는 곳인데, 그 군인의 모습이 어떤 것이어야 하는지 많이 생각한다. 제가 교훈단 간부들에 요구하는 것은 품격 높은 해병을 만들자는 것이다. 이는 스스로 생각할 수 있는 해병을 만들자는 것이다. 스스로 사고하지 못하는 로봇과 같은 군인이 아니라 사고의 유연성과 행동의 당당함을 갖춘 해병이 돼야 한다. 부임 이후 거의 매일 이런 요구를 하고 있다.

훈련병 입장에선 교관들이 무서운 호랑이다. 그 호랑이 앞의 훈련병들은 주눅들고 혼이 빠진 로봇이 되기 쉽다. 그러나 그렇게 돼선 안 된다. 무서운 호랑이인 교관들 앞에서도 당당한 해병을 만들어야 한다. 장군인 내 앞에서도 당당하게 자신의 의사를 말할 수 있는 당당한 해병을 만들어야 한다고 강조하고 있다. 저는 그런 품격 높은 해병을 지향한다. 이렇게 하기 위해서는 저의 의지도 의지이지만 교관과 간부들의 공감형성이 중요하다. 공감대 형성을 위한 시간을 많이 갖고 있다."

해병대 하면 '강한 군대'라는 이미지가 강한데,

강군을 강조하다 보면 군기사고 등의 우려도 없지 않을 것 같다.

신병 교육훈련에서 점에 주안점을 두고 있는지?

"해병대 장군으로서 이 부분을 많이 생각했다. 해병대 사령관께서도 내가 부임할 때 한 가지 지시성으로 요구한 것이 해병대 구타, 이 문제를 근본적으로 해결할 수 있는 방안을 제시해 달라는 것이다. 그래서 우리 참모들에게 이런 말을 했다. 수십 년 동안 이 문제 해결을 위해 모든 지휘관들이 엄청난 노력을 했는데 왜 해결이 안 되는가, 우리 국민성의 문제냐, 우리의 접근방식이 잘못된 것인가? 나는 두 번째로 본다. 접근방식에 문제가 있었다. 어떤 문제가 발생했을 때 우리는 그 드러난 현상을 해결하려 한다. 그러나 문제의 본질은 보이지 않는 데 있다. 뿌리를 찾아내야 한다. 구타 문제가 근원적으로 어디서 시작됐는가를 찾아야 한다.

첫째, 국민들이 해병대를 보는 시각에 부정적 이미지가 있는 게 사실이다. 강한 군대는 두들겨 패고, 그래서 그렇게 됐다고 보는 것이다. 해병대 지원한다고 보면 주위 사람들이 그런 얘기를 한다. 군에 들어오기 전부터 학습효과가 돼 있다. 이게 첫 번째 문제인데, 해병대 합격 결정이 되면 바로 가정통신문을 보낼 필요가 있다고 본다. 물론 우리가 엄청난 노력을 하고 있다. 또 실제로 과거 행태가 엄청나게 없어진 것도 사실이다. 그러나 단 한 건도 없어야 한다. 그런 토양 자체를 바꾸려면 부모의 협조, 주변의 협조가 필요하다. 훈련병들에게, 해병들에게 해병대는 그런 군대가 아니라는 것을 각인시켜줘야 한다.

둘째, 입대하면 이제 우리의 문제다. 훈련병 교육훈련 방식에 문제가 있는지 살펴봐야 한다. 일방향소통식 교육이 문제. 속된 표현으로 하면 '까라면 까라'는 식. '군소리 말고 하라면 하라'는 식, 교관 주도하의 이런 일방향 교육방식이 갖는 폐단은 훈련병들에게 '역시 입대하기 전에 들었던 대로야, 군대는 하라면 하는 거야' 이렇게 각인이 되면서 자기가 선임이 됐을 때 후임을 그리 대하게 한다는 것이다.

훈련병은 연령대로 보면 이성보다 감성에 의해 행동이 나오는 시기다. 제가 군

생활 30년 넘게 한 경험으로 보면 중대장까지도 이성보다 감성이 먼저 나온다. 감성에 의해 행동할 시기에 군 특유의 통제문화가 결합되면 구타가 나타날 수 있다. 그래서 나는 신병 교육방식을 쌍방향 소통방식으로 전환시키고 있다. 교관은 반드시 목적과 이유를 설명해 주도록 하고 있다. 훈련병들에게 왜 그 임무를 수행해야 하는지 알려주고 반드시 질문을 유도하도록 한다. 그래서 궁금증을 풀어 줘야 한다. 훈련병의 의사표현을 들어줘야 한다. '하라면 하라'는 식이 되면 곤란하다.

새로운 지휘기법을 발휘해야 한다. 조직을 열십(十)자로 보면, 세로는 통제와 자율이고 가로는 개방과 폐쇄라고 할 때, 군대는 그 특성상 통제적이고 폐쇄적이다. 그런 조직 속에서 과연 어떤 지휘기법을 써야할지 생각해야 한다. 통제되고 폐쇄된 조직일수록 반대로 개방과 자율의 지휘가 필요하다.

예를 들어 어떤 부대병사들이 모자를 쓰고 다니지 않는 것이 병폐로 지적됐다고 치자. 이 경우, 모자를 쓰지 않으면 영창 보낸다고 하는 것보다 모자를 제대로 쓰면 휴가 보내준다는 식으로 개방과 자율을 지향하는 지휘기법이 필요하다.

군에는 소원수리함이라는 게 있다. 병사는 그걸 바라보는 순간 긍정보다는 부정적인 생각이 떠오르게 돼 있다. 선임을 고발하는 것 같아 이름 쓰기가 어렵다. 눈치를 보게 된다. 이런 문제점을 보정하기 위해 소원수리함을 화장실에 갖다 놓고는 '아무도 눈치 보지 말고 쓰라'고 할 수도 있다. 그러나 그런 풍토에서 자란 사람은 결국 통제와 폐쇄의 방향으로 간다. 아무도 모르게 하라는 건 결국 정정당당하지 못한 일을 하라는 것과 마찬가지. 후임들은 더 많은 피해의식을 갖게 될 것이다.

만일 소원수리함을 칭찬함으로 바꾸면 부대가 긍정적인 문화로 바뀔 것이다. 선임들이 후임에게 자기 칭찬하는 글 써 넣으라고 강요할 수 있다. 그런 부작용이 있어도 좋다. 속여 봤자 한두 번이지 몇 번을 속이겠느냐. 통제와 폐쇄의 특성을 갖는 조직일수록 지휘기법은 개방과 자율을 지향해야 건전한 부대 운영이 가능하다.

강한 군대는 강제적으로 만들어지지 않는다. 어디까지나 자발적으로 해야 한다. 내가 왜 해병이 돼야 하는지 알려줘야 한다. 스스로 동참해야 진정으로 강한 군대가 된다. 그래서 우리는 훈련할 때마다 태극기를 들고 다니게 한다. 나라를 생각하라는 것이다.

얼마 전 국가인권위에서도 해병대 인권문제에 대한 지적이 있었다.
이에 대해서는 모든 해병 가족들이 관심을 갖고 있을 것이다.
이 부분을 신병교육에 어떻게 적용하고 있는가?
"양성교육(민간인을 군인으로 전환시키는 과정)부터 해병대는 구타가 있을 수 없다는 것을 신념화시킬 필요가 있다. 제가 온 이후는 신병에게 구호를 제창하게 하고 있다. '해병은 해병대의 명예를 욕되게 하지 않는다. 해병은 적 앞에서 물러서지 않는다, 해병은 약자를 보호하고 전우를 상해하지 않는다'는 것이다. 훈련병들에게 수료식에서 선서하게 하고 교관들도 선서하게 한다. 이건 훈련병들만의 문제는 아니다. 이건 우리 부대 간부에게도 똑같이 적용되는 것이다."

일부에서는 구타나 강압이 없는 해병대가 무슨 해병대냐는 얘기도 한다.
어떻게 생각하시는지?
"분명한 건 그렇게 말하는 분들도 '내 아들만 빼고'라는 것이다. 부모들은 모두 자기 아들 건강하게, 그리고 씩씩한 남자로 전역하길 바란다. 훈련단에 들어온 해병들은 분명히 처음 지원할 때는 도전정신 갖고 지원했지만 여기선 이왕이면 좀 편하게 지내길 바란다. 지휘관은 적과 싸워 이길 수 있는 해병을 만들고자 한다. 그 3자가 지향하는 목표가 다르다.

그러나 알고 보면 이게 다르지만 사실은 다 이뤄야 할 목표다. 그래서 상호소통과 공감대 형성이 중요하다. 부모도 지휘관의 목표를 이해하고 공감해야 할 것이고 지휘관도 부모의 마음을 알아야 한다. 저 자신 해병대 홈페이지에 자주 들어가는 것도 훈련병 부모들이 어떤 생각을 갖고 있는지 확인하고자 하는 것이다. 그래서 때로는 직접 답도 쓰고, 참모에게 질문사항 알아보라고 지시도 하고 한다."

군 장성이 직접 답글을 올리는 것은 전에 보지 못한 것 같다.
어떻게 그런 생각을 했는지?
"(웃음) 부모들의 의문에 대해 지휘관이 직접 설명하도록 지시하고 권장한다. 부모 입장에선 자기 아들을 지휘하는 지휘관이 답글을 써 주는 것이 신뢰도 높다. 참모가 대신할 수도 있지만 가능한 해당 지휘관이 직접 답글을 쓰도록 하고 있다."

군의 대민소통에 대해 특별한 철학이 있는가?
"국민으로부터 신뢰받지 못하는 군은 존립할 수 없다. 그러면 어떻게 신뢰를 받을 수 있는가. 주둔지 인근 지역에 대민사업을 많이 한다고 해서 신뢰를 받게 되는가. 저는 그런 대민사업도 필요하겠지만, 기본적으로 군이 부하로부터 신뢰를 얻어야 국민이 군을 신뢰한다고 생각한다. 대한민국 남자들은 대부분 군대에 갔다 온다. 그런데 많은 분들이 군대생활 당시의 부대 지휘관을 신뢰하지 못한 경험을 갖고 있기 때문에 지금도 그런 시각으로 군을 바라보는 측면이 있다.
　부하가 상관을 신뢰하면 그 부하는 제대해도 군을 신뢰한다. 그들이 그 신뢰의 경험담을 말하면 군에 대한 국민의 신뢰는 높아간다. 해병대 가서 얻어맞은 경험이 있으면 제대해도 그 경험담을 말할 것이다. 그 얘기가 계속된다면? 이제부터 신병들이 변화된 군생활을 하면 그들은 자신의 새로운 경험담을 부모와 후임에게 얘기할 것이다. 그러면 그 신병 부모들의 신뢰를 얻을 수 있고, 국민의 신뢰를 얻을 수 있다. 해병대는 온 정열을 부하의 신뢰를 받는 데 쏟을 필요가 있다."

옛날의 해병과 지금의 신병을 비교하면 어떠한 차이가 있다고 보는가?
"분명한 차이가 있다. 누가 뭐래도 자신 있게 말할 수 있는 건 지금 해병이 강하다는 것이다. 옛날 선배들이 엄청 얻어맞고 했다고 하는데 지금 신병들도 때리면 맞을 수 있다. 못 맞는 아이들이 아니다. 옛날 해병을 욕되게 하려고 말하는 건 아니다. 우리 때는 학창시절에 군대와 유사한 문화가 있었다. 교복, 학교 규율부, 교련 등 규율 속에서 청소년기를 보냈기 때문에 군대적응이 빨랐다.

그러나 지금 신세대는 통제 당해본 경험이 없는 상태에서 군대에 들어온다. 처음 통제문화에 접하면 얼마나 답답하겠는가. 만날 휴대폰 문자하고, 인터넷 하던 아이들이 세상과 갑자기 단절됐을 때 그 심리적 충격은 크기 마련이다. 그러나 군대에서는 자신의 감정을 억제해야 한다. 감성대로 행동하기를 방치하지 않는다. 감정을 억제하는 것만큼 힘든 것도 없다. 그래서 저는 요즘 신병이 강하다고 하는 것이다. 어머니가 육체적으로 연약해도 강하다고 하지 않느냐. 그것처럼, 자신을 억제하는 것만큼 강한 건 없다고 본다."

아들은 7월 초 육군종합학교를 수료하고 김포에 있는 해병대 2사단으로 이동해 실무부대에 배치됐다. 아들이 훈련단을 무사히 수료한 만큼 향후 실무부대 생활도 잘 헤쳐 나갈 것으로 나는 믿고 있다.

훈련단에 있을 때 우리 아들은 부당한 일이 있으면 꼭 편지하겠다고 했지만 아직 한 번도 그런 편지를 써온 일이 없다. 그만큼 훈련단을 통해 압축적으로 성장하고 적응했다는 얘기일 것이다. 훈련단은 우리 아들의 인생에서 처음으로 접해본, 거칠고 힘들고 외로운 환경이었다. 그 환경에 적응하고 어려움을 극복하기 위해서는 본인의 노력도 노력이지만 주변에서도 열심히 격려하고 조언하며 도와줄 필요가 있다고 생각한다.

후기|後記

아들이 육군종합군수학교에 있는 동안, 아들도 나도 긴장이 풀리면서 서로 편지도 전화도 뜸해졌다. 아들은 6월 16일 쓴 편지에서 "사실 전화도 할 수 있고 편지도 더 자주 쓸 수 있지만 훈련단 때처럼 힘들지 않고 군대 느낌도 덜 나니까 전화나 편지에 대한 의욕이 덜 납니다. 전화하러 가기도 귀찮고, 훈련단 때처럼 열정적으로 편지하는 것도 의욕이 안 난달까요"라고 썼다. 본인이 편하게 잘 지낸다니 부모도 안심할 수밖에.

이즈음 아들의 편지에는 '고졸의 설움'을 맛본 듯한, 그래서 고등학교 때 공부 열심히 하지 않은 것을 후회하는 듯한 내용이 눈에 띄었다.

"동생아 공부는 하고 있냐? 공부 안 하면 고졸하고 후회할지도 모른다. 열심히 해라."

대학 진학률이 80%가 넘는다고 한다. 아들 주변의 동기 선후임들도 대부분 대학 재학생일 것이다. 주변 동기들이 모두 대학 얘기를 자연스럽게 하는데, 본인은 잠자코 있을 수밖에 없는 고졸의 처지. 그때의 묘한 기분. 나는 그것이 콤플렉스일 수도 있지만, 궁극적으로는 아들에게 좋은 자극제가 될 것이라고 생각한다. 아들에게 조기 입대를 권한 배경에는 그런 자극을 느끼고 분발했으면 하는 속마음도 솔직히 없지 않았다. 다행히, 상황은 내 기대와 크게 어긋나지 않게 전개되는 듯하다. 아들은 편지에서 "이곳(육군종합군수학교)에서 만난 한 선임 해병님은 인생 선배로서 좋은 말씀도 많이 해주십니다. 군대에 혼자 2개월째. 사회에 있을 때보다 많은 것을 배웠다고 생각합니다"라고 쓰기도 했다.

그렇게 평온함이 이어지던 7월 4일 해병 2사단에서 총기사망 사건이 발생했다. 부모로서, 다시 긴장하지 않을 수 없었다. 사건이 난 해병2사단은 아들이 가야할 곳이다. '다행히' 아들은 아직 육군종합군수학교에 몸담고 있는 상태. 그러나 7월 8일에는 그곳을 떠나 해병2사단 실무부대로 가야 한다. 2사단 내에서 어느 부대로 배치될지는 미지수다.

　나는 아들이 육군종합군수학교에 입교한 이후 보낸 편지에서 해병대 실무부대에 배치됐을 때 구타 가혹행위가 있을 수 있으니 그걸 각오하라는 내용을 몇 번 썼다. 육체적 고통은 누구나 견딜 수 있는 것이니, 그것을 두려워 할 필요가 없다는 것이었다. 인터넷을 찾아 해병대에서의 구타와 가혹행위에 관한 최근 전역병의 경험담을 보내 주기도 했다.

군대에서의 구타 가혹행위를 찬성하기 때문에 그런 얘기를 한 것이 아니다. 현실적으로 해병대에 구타가 존재한다는데, 군대에 간 이상 참고 견뎌야지 어떻게 하겠나 하는 현실론인 것이다. 그것은 아들에게 주는 일종의 '예방주사'이기도 했다. 기열이도 "걱정거리가 있다면 실무부대에 대한 이미지에서 오는 두려움 정도입니다. 그러나 실무부대도 사람 사는 곳이니 크게 걱정은 없습니다"라며 실무부대에서의 험한 생활을 해내겠다는 각오를 보여줬다.

그러나 7월 4일 총기사망 사고와 그에 이어지는 소식을 접하고는 착잡하지 않을 수 없었다. 단순히 구타가 아니라 기수열외에 왕따에 성추행에, 온갖 못된 짓이 있었다고 한다. 30여 년 전 군대보다도 더 못된 폐습(弊習)이 존재한다니…. 막연하게 '아무래도 군대인데, 더구나 군기가 세다는 해병대인데, 한두 대 쥐어 박는 구타는 좀 있겠지' 하는 생각은 했지만 그 정도일 줄은 솔직히 몰랐다. 아들에게 미안한 마음이 들었다.

'아무것도 모르는 어린 아이에게 괜히 해병대에 가라고 권해서….'

7월 8일, 아들은 육군종합군수학교를 떠나 해병대 2사단 사령부 동화교육대(신병대기소)에 도착해서는 곧바로 집으로 전화를 했다.

"총기사건 때문에 여기 분위기가 좀 어수선한 것 같아요. 그런데, 굉장히 편합니다."

며칠 뒤, 김포에 있는 최종 실무부대에 배치돼 도착했다고 다시 전화가 왔다.

"모두가 잘 대해 줍니다. 동기들도 많고, 견딜 만합니다. 막연하게 생각했던 것보다 훨씬 좋습니다. 아무 걱정하지 마세요."

아하! 비온 뒤에 땅이 더 굳어진다고 하더니, 총기사건이 해병대에는 오히려 약이 될 수 있겠구나! 나는 해병대 총기사건은 가해자와 피해자 모두 희생자라고 생각한다. 군 특유의 구조적 악습과 부조리에 희생된 사람들이기 때문이다. 두 번 다시 그와 같은 불행한 일이 일어나서는 안 된다. 다행히, 해병대도 이번에는 정말 달라지기 위해 노력하는 모습이 확연하다. 그것은 아들로부터 이따금씩 오는 전화를 통해서도 감지할 수 있다. 아들은 실무부대에 배치된 이후 일주일에 한 번 정도는 꼭 전화를 해온다. 이등병은 혼자서 PX도 갈 수 없고, 전화도 할 수 없고, 화장실도 선임 허락받고 가야 한다는 해병대 특유의 호봉제(계급 및 호봉에 따라 할 수 있는 일을 정해 놓은, 해병대 병들 사이의 인계사항)가 확실하게 개선되고 있다는 얘기다.

　해병대 교육훈련단장 차동길 준장 같은 간부가 만들고자 하는 '해병에 관한 철학'이 좀더 일찍 구현됐으면 총기사건 같은 불상사가 없었을지 모른다는 생각도 한다. 차동길 단장이 2011년 5월 〈주간동아〉와 한 인터뷰 내용을 보면, 그 한마디 한마디가 해병의 부모 입장에서는 새삼 절실하게 가슴에 와 닿는 내용이다. '품격 있는 해병', '동료를 상해하지 않는 해병'—당연하지만, 그동안은 제대로 실천하지 못했던 목표였다.

　해병대 교육훈련단은 아들의 수료 이후에도 진화를 거듭하고 있다. 훈련병 가족들과의 소통이 훨씬 좋아졌다. 해병대 홈페이지에 '교육훈련단소식' 코너를 새로 만들고, '입영장병 가족과의 대화' 방을 열었다. 교육훈련단에는 3개의 신병교육대가 있다. 3명의 신병교육대장이 훈련병 가족의 사소한 질문에 대해서도 직접 답을 해준다. 매주, 매일의 훈련일정을 올려 훈련병 가족의 궁금증을 사전에 풀어준다. 1140기 아들 때는 없었던 일이다.

　신병의 선별도 엄격해졌다. 해병대는 교육훈련단 입소한 첫 주(1주차)에는 입영장정에 대해 훈련을 시키지 않고 신체검사와 인성검사 등을 실시, 부적격자를 귀가 조치시킨다. 귀향여부는 1주차 금요일에 판정난다. 그러나 실제 귀가자는 극소수였다. 통상 매 기수별 입영장정 500~700명 중, 귀가자가 수 명에 불과했다고 한다. 그 귀가자도 간 수치가 비정상적으로 높다거나 하는 등의 사유로 신체검사에서 탈락한 사람이었다.

그러나 2011년 7월 22일 입대한 1146기부터는 인성검사 탈락자가 대거 나오기 시작했다. 이는 총기사건을 일으킨 '김 상병'이 훈련단 시절 인성검사 때 이미 문제가 지적됐다는 언론 보도와 무관치 않은 듯하다. 훈련단 인성검사가 엄격해지면서 1146기에서만 인성검사 불합격으로 35명이 귀가 조치됐다. 인성검사 불합격으로 인한 귀가자는 2010년 한 해를 통틀어도 2명에 불과했다. 인성검사가 얼마나 엄격해졌는지 짐작할 수 있을 것이다. 1147기 때는 인성검사 불합격자를 포함해 입영 장정의 근 10%가 1주차 금요일에 귀가조치된 것으로 알려졌다. 이제 아들이나 남자친구가 "해병대 갔다"는 말을 하려면 훈련단 입소 후 1주일은 기다린 뒤에 할 일이다.

아들이 실무부대에 배치된 이후 나는 아들에게 편지를 쓰지 않는다. 1주일에 한 번꼴로 전화통화를 하면서 안부를 확인하니 굳이 편지를 쓸 필요를 느끼지 않는다. 특히 총기사고 이후 해병대가 좋은 방향으로 변하고 있다는 것을 확실히 체감한다. 아들이 남은 군 생활을 잘해낼 것으로 믿는다. 해병대에서의 군 생활이 아들에게 의미 있고 보람찬 경험이 될 것이요, 이를 통해 아들이 한 단계 성숙해질 것이라고 믿어 마지않는다.

아들이 군 생활을 하는 동안 부모가 후원해주고 도와줄 수 있는 부분은 얼마 되지 않는다. 실무부대에서 적응하는 것은 아들 혼자서 할 수밖에 없다. 군대도 사람 사는 사회인데, 그곳에서 아들이 만들어 가야할 인간관계를 부모가 도와줄 수는 없는 것 아닌가.

그러나 신병훈련 기간만큼은 부모가 할 역할이 있다. 아들에게 보내는 한 통의 편지가 아들을 힘나게 한다. 다른 대부분의 훈련병 가족들도 마찬가지였겠지만 우리 가족도 편지를 통해 훈련병 아들과 계속 소통했다. 그것이 아들에게 작은 도움이 됐던 듯하다. 훈련병 기간 동안 아들이 스스로 노력해 간 궤적, 그리고 그렇게 노력하는 아들과 소통했던 과정을 기록으로 남기는 것은 먼 훗날 좋은 추억이 되지 않을까 한다. 아들에게 그런 추억을 선물하고 싶다.

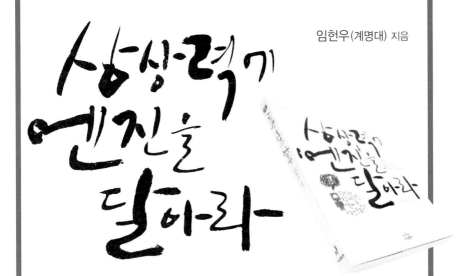

박경리 대하소설

土地를 읽는 것은
세상을 살아가는
치열함을 배우는 것입니다

(전 21권 양장본)

토지와 함께 울고 웃던 시간 동안
다시 한 번 대한민국 사람임을 느꼈습니다.
파란만장한 그들의 삶 속에서
다시 한 번 나를 찾는 여행을 떠납니다.
대한민국 민족소설 土地
내 가슴에 가장 큰 대한민국을 선물합니다.
각 권 9,800원, 세트 구입시 〈土地 인물사전〉 증정